3年後“なりたい自分”になれるドリームマップ

あなたの夢が必ずかなう自己イメージのつくり方

Akita Inemi
秋田稲美
株式会社エ・ム・ズ代表取締役社長

大和出版

はじめに

「夢への地図」を描こう

あなたは、今、イキイキと充実した毎日を過ごしていますか？
笑顔が溢《あふ》れた職場で、楽しく働いていますか？
そして、自分なりの夢を持ち、その実現に向かって何かに「夢中」になれていますか？

「夢中」とは、われを忘れるくらい、何か好きな物事に熱中して、のめり込んでいる様子のことです。

高校球児が、甲子園の深紅の大優勝旗を目指し、毎日の厳しい練習やハードな筋力トレーニングにも耐え、汗だくで必死にプレーしている様子を見るとき、私たちは、その一生懸命でひたむきな姿にひかれ、心から感動し、思わず応援したくなってしまいます。

「夢」には、多少の困難を苦労とも思わせずに熱中させてしまう力があります。

「夢」には、人をウキウキ・ワクワク、楽しくさせる力があります。

そして「夢」には、他者の共感と感動を呼び、応援させてしまう力があるのです。

「夢」をかなえることに、何か特別な才能が必要なワケではありません。

すべては、「夢」を具体的に描き、その「夢」の実現を心の底から信じ、そして、その「夢」を他者に伝えることから始まるのです。

誰もが、楽しく簡単に「夢」をかなえるためには、ほんのチョットしたコツがあります。

そのエッセンス（本質）を集約したのが、本書でご紹介する「ドリームマップ」です。

私は、「夢への地図」であるドリームマップを描き、本当に夢をかなえたたくさんの女性やビジネスパーソンを間近で見てきました。

そして何より私自身が、このドリームマップを使って、さまざまな夢を実現してきたのです。

毎日、一生懸命がんばり過ぎて、チョット疲れ気味のあなた。
ふと気がつくと、愚痴やため息ばかり漏らしているあなた。
今まさに「夢」に向かって歩き出そうとしているあなた。
さあ、ドリームマップで、一緒に「夢」への扉を開きましょう。

秋田　稲美

3年後〝なりたい自分〟になれるドリームマップ・目次

第1章

あなたの夢をかなえるドリームマップ
これが魔法の目標達成ツール

第3章

〝お腹の心〟を味方につければ人生が変わる

潜在意識と脳と夢実現の関係

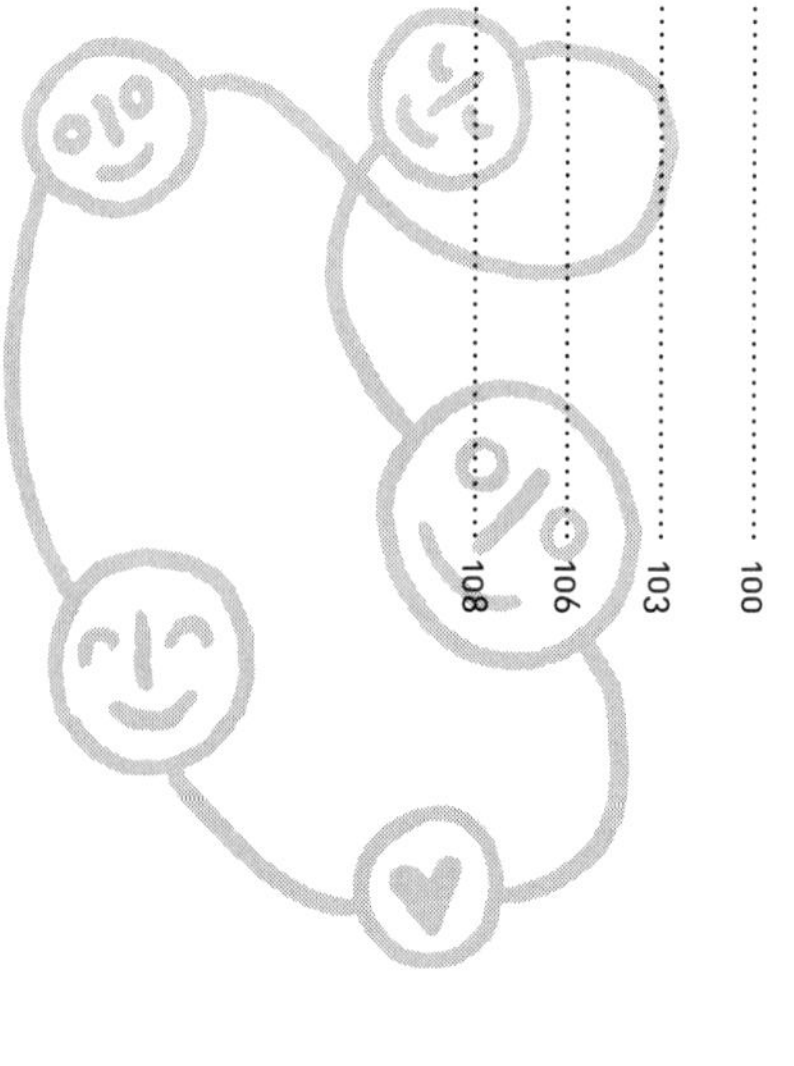

第4章

夢が実現する〝お腹の心〟の鍛え方

成功を加速させるヒント

第5章

三年後、あなたも〝なりたい自分〟になれる

つくった後に日々心がけたいこと

エピローグ

あなたが、あなたであることが、一番尊い

付録

ドリームマップをつくろう！

本文イラスト／水崎真奈美
本文デザイン／齋藤知恵子
編集協力／佐野愛子　高田悦子

プロローグ

なぜ彼女の人生はこうも劇的に変わったのか？

夢を持てなかった美奈子さん

斉藤美奈子さん（仮名）が、三年前にドリームマップを描いてからの変化を、私は間近で見守ってきました。

美奈子さんは、二十代前半で結婚し、二十八歳になるまで専業主婦をしていました。

エリートサラリーマンである夫は、毎日のように美奈子さんに「おまえなんか」と言い続けました。

「おまえなんか、何にもできやしないのに、うるさいこと言うな」

「おまえなんか、おしゃれをしても全然かわいくない。おとなしく家にいろ」

「おまえなんか、料理も下手、掃除も下手。毎日家にいて、いったい何をやっているの？」

美奈子さんは、毎日、「おまえなんか」「おまえなんか」と言われるうちに、「自分なんて、本当に価値がないんじゃないか」と思えてきました。

ある事情から、美奈子さんが二十八歳のときに、二人は離婚をしました。

ひとりになった美奈子さんは、実家に帰ることも考えましたが、独身の弟がいる実家に、いまさら帰るのも気が引けて、東京のアパートで一人暮らしをすることにしました。

派遣会社に登録し、細々と食べていくだけの収入を得て、それなりの生活のペースができてきた頃、友だちに誘われてドリームマップ研修に参加しました。

研修の初日、美奈子さんはやる気満々の受講生の中にポツンと座り、「場違いなところに来てしまった」と心から後悔をしていました。


「あなたは何が得意ですか？」

「あなたはいったい何をしたいのですか？」

「何をしている自分なら、会社や他者や社会に役立っていると実感できますか？」


矢継ぎ早に浴びせられる質問に、どれひとつも答えることができないばかりか、夫に言われた「おまえなんか」の声が耳に響き、少し気分が悪くさえなりました。

でも、せっかく来たのに途中で帰るのも惜しく、楽しく研修に参加しているお友だちにも「帰る」とは言い出しにくく、一生懸命ドリームマップに向かいました。

研修一日目はドリームマップの下書きまで行います。

美奈子さんは、三年後の自分に思い切って年収五百万円という目標を書き、年収五百万円が達成したら得られるであろう物、心、他者への貢献、社会への貢献を、講師に促されるまま書きました。

しかし、常に心の中には、「私が年収五百万円なんて絶対無理」という気持ちが渦巻き、正直言って研修そのものも楽しめませんでした。

ありえない年収一千万円宣言

一週間後、研修の二日目が始まりました。

美奈子さんは、宿題であったドリームマップに貼る写真や雑誌の切り抜きを、前の晩に家に転がっていた雑誌から切り抜いて、形だけ準備をして研修に参加しました。

講師が言いました。

「ではまず、目標のストレッチをします」

講師の説明によると、私たちは目標を自分で立てると、「これならできる」という目標か、「ちょっとがんばればできる」という自分の枠から出ない目標を立ててしまいがちなので、「これは無理!」という目標にストレッチしましょう!というのです。

美奈子さんは驚きました。年収五百万円だって、「これは無理!」という目標だったのです。それをまた、ストレッチだなんて!

しかし、一緒にドリームマップをつくっていたグループのメンバーからのリクエストで、美奈子さんはとうとう「ミリオネーゼ（年収八桁稼ぐ女性）になっています」と、年収一千万円宣言をしてしまったのです。

そして、さらなるグループのメンバーからのリクエストで、「経済を勉強して株式投資をし、エステやネイルサロンに通って、内外から自分を磨いています」とも書き足しました。

このあたりから、美奈子さんは自分でも訳がわかりませんが、なんだか楽しくなってきたのです。

二日間の研修が終わり、実際にドリームマップを完成させてみたら、「ミリオネーゼ」と、「自分を磨く」という今の自分にはふさわしくないと思えた文言が、「もしかしたら、実現するかも!?」という変な自信になって見えてきて、不思議な気分を味わいました。

「ダメでもいいや、やってみよう！」

その頃、美奈子さんは、友人から「会社を設立するので手伝ってくれないか？」という誘いを受けていました。

ウェブを使ったマーケティング会社で、自分が役に立つことは何もないと思っていたので、もちろん断ろうと思っていました。

しかし、ドリームマップをつくってみて勇気を得た美奈子さんは、「ダメでもいいや、やってみよう！」と、その話を引き受けることにしたのです。

社長である友人はバイタリティのある女性で、次から次へ仕事を決めてきます。美奈子さんは主に事務所にいて、事務作業や問い合わせへの対応に追われていました。

順調にたちあがった会社は、一年目の決算を迎えました。そのとき、社長は美奈子さんにこう言いました。

「来期から、営業してくれない？　事務の子はもう一人入れることにしたから、引き継いでね」

美奈子さんはびっくりしました。

「営業なんてとんでもない！　私にできるはずがない」

でも、社長はどんどん話を進めてしまいます。いまさら「できません」と言ったら、それは「辞めます」と同じことです。

そのとき、ドリームマップに描いた「ミリオネーゼ」と「自分を磨く」という文字がパッと目に飛び込んできました。

と、同時に、ドリームマップをつくったときにわいてきた「もしかしたら、実現するかも⁉」という感情を思い出しました。

「ダメでもいいや、やってみよう！」

一年前、会社を興すという友人の誘いを受け容れたときと同じ気持ちで、美奈子さんは営業へのシフトを受け容れました。

無理だと思っていた年収五百万円を達成

「営業って、何をしたらいいんだろう？」

まず、ＤＭを打って、電話をして……、頭ではわかるものの行動が追いつきません。

「お客様のところに自分が出かけて、何が話せるんだろう？」

「私なんかが行って、何も話せなかったら、かえって会社に迷惑を掛けちゃうんじゃないか」

と、またしても、夫の「おまえなんか」の声が耳に響きました。

しかし、環境を変えることに臆病な美奈子さんは、転職を考えたくはないので、自分に「営業しなくちゃ、仕事なんだから」と言い聞かせながら、何とか動き始めました。

そうこうするうちに、美奈子さんのペースで、一件、また一件と契約が取れるようになってきたのです。

社長は妙な自信家で、「美奈子は絶対、もうすぐ私を超える営業になるよ！」と美奈子さんの成長を確信しているようでした。

二年目の決算がやってきました。

「営業は、自分の年収の三倍売り上げてね！」という社長からのリクエストがプレッシャーだったのに、気づくと美奈子さんは自分の年収の五倍の売上げを上げていたのです。

社長は翌年、美奈子さんの年収を五百万円にしてくれました。

美奈子さんはドリームマップに最初、「年収五百万円」と書いて、それが自分では「絶対無理！」と感じたことを思い出し、難なくそれを達成した自分が、「自信」というエネルギーで満たされるのを感じました。

「私、年収五百万円になったんです。スゴイでしょ。人の可能性って、そういうことだったんですね」と、このとき美奈子さんは私に報告に来てくれました。

三年前のドリームマップが現実になった

それからさらに一年、美奈子さんがドリームマップをつくってから三年が経過しました。

今、美奈子さんは年収一千万円を得ています。

「経済を勉強して株式投資をし、エステやネイルサロンに通って、内外から自分を磨いています」というドリームもかなえています。

そして、美奈子さんは「人生がまるっきり変わったような感覚です。本当に不思議です。同じ斉藤美奈子の人生なのに、いったい私に何が起こったんでしょう」と、本当にわからないという表情で三年前の自分を懐かしみます。

私にとって、美奈子さんの変化は何の不思議もありません。

「私なんて」という自己イメージが、ドリームマップをつくることによって「私にもできるかも」に変わり、さらに実績が伴ってきて「私ならできる」と、確かな自信が備わった。たった、それだけのことです。

「自信」とは、自分を信じるということです。

年収五百万、年収一千万円を得る自分を、美奈子さん自身が信じられるようになったのです。

美奈子さんの場合は、離婚後も前夫からの「おまえなんて」という言葉ですり込まれた潜在意識の枠組みの中で生き続けていました。

それは、まるで子どもがずっと飽きずに砂場で遊んでいるように、囲われた四角い箱の中で生きていたのです。

ドリームマップをつくったら、砂場の外にブランコやジャングルジムを見つけることができ、そこに自分も行きたいと思ったのです。

恐る恐る砂場から抜け出し、ブランコに乗ったら、新しい友だちもできて予想以上に楽しかった。だから、ジャングルジムへ、鉄棒へと、行動範囲を広げることができたのです。

もう、美奈子さんに怖いものはありません。

次は公園を出て、外の世界に出て行ける「自信」を、ドリームマップによって得たのだから。

第1章

あなたの夢をかなえるドリームマップ

これが魔法の目標達成ツール

三年後になりたい自分になるには？

あなたは三年後、どんな自分になりたいですか？

まず、二つの質問に答えてみてください。

❶今現在の自分を〇〜一〇〇の点数で表すと何点ですか？

❷では、三年後は何点になっていたいですか？

私は、毎年三千人以上の方にこの二つの質問を続けてきました。

すると、ほぼ一〇〇％の方が、現在よりも三年後の点数を高く設定されました。

三年後の点数がもっとも低い方でも、現在の点数と同点です。

このことは、「誰もがよりよい未来を望んでいる」「誰もが向上心を持っている」ことの表れだと思います。

さらに質問を追加して、「では、三年前のあなたに点数をつけてください」と聞くと、三年前の点数はバラバラです。

現在よりもよい点の人も悪い点の人もいて、点差も開きがあります。

つまり、誰もが三年後は良くなりたいと思っているけれど、全員が必ずしもよくなるとは限らないということです。

よくなる、よくならない。この差は何でしょうか。

間違いなく言えることは、三年後、「よくなったらいいなぁ」と漠然と思っている人よりも、「こうなりたい！」と夢や目標を明確に設定して、夢に向かって行動した人のほうが、「三年前よりも点数が高くなる」ということです。

何となく思っているだけでは、時間も何となく過ぎてしまうものです。

「来年の夏は家族でハワイ旅行に行くぞ！」と決めるから、そのためにお金を貯めたり、スケジュールを調整したりできるのです。

「来年の夏はどこかに行って、楽しく過ごせたらいいなぁ」のようなあいまいな目標だと、何となく日々を過ごし、気づくと夏は終わってしまうのです。

三年後だって同じことなんです。

「自分はこうなりたい！」と目標を定めないと、そこに向かって動くことができません。

本当にベストセラーになってしまった！

でも、将来の夢や目標を、詳細で鮮明に、具体的なイメージとして持つことや、初心を忘れずに、その夢や目標に向かい続けることって、意外と難しいことではないでしょうか。

そこで、そんなあなたにオススメの方法があります。

それは、あなたが「こうなりたい！」と目標を定め、行動を起こし、夢をかなえるための強力なツール、「ドリームマップ」です。

ドリームマップとは、直訳すると、「夢への地図」です。つまり、夢（目標）を達成するための地図（ツール）のことで、私の会社、株式会社エ・ム・ズが考案した研修プログラムです。一枚の紙に、夢とその夢がかなったときの状態をイメージしてつくるのです。

ここに、私が三年前（二〇〇三年）につくったドリームマップがあります。

このドリームマップの右上に、次のような新聞記事ふうのコメントが書かれています。

「二〇〇四年、日本で歴史的なDream Map旋風が吹き荒れ、学生や主婦が次々と立ち上

私たちエ・ム・ズは、しなやかに夢をはぐくむ研修を通じ、自分らしく光輝く人が満ちあふれる社会を創ります。
絵・夢・図
われわれは、誰からも信頼されています
二〇〇四年、日本で歴史的なDream Map旋風が吹き荒れ、学生や主婦が次々と立ち上がり、日本から元気のない大人がいなくなりました。
その影響を受け、子どもたちに笑顔が溢れ、企業が元気になり、株価がドンドン上がりました。
日本がかつてないほどの好景気となったのも、すべてDream Mapによるところだと学者がこぞって研究を始めました。
＊DreamMapとは、エ・ム・ズ（絵・夢・図）という名古屋市中区の女性を中心とした会社が作った、夢を実現するためのプログラムです＊
Dream Map
経営はいたって順調です。
毎日とても楽しいです。
感謝
DreamMap
旋風吹き荒れる！
2004年
私には、たくさんの応援者がいます。
待つ
聴く・許す・
思いの強さが現実を変える！
1＋1＝？
本当にベストセラーになってしまいました！
どこの本屋さんに行っても平積みになっています!!
出版ました。
どんどん新規の引き合いが来ています。対応が追いつかないほどです。
ファーストクラスで社員旅行に行きました！
休みの日は、自宅でゆっくりくつろいでいます。もっぱら読書・映画・運動をしています！

がり、日本から元気のない大人がいなくなりました。

その影響を受け、子どもたちに笑顔が溢《あふ》れ、企業が元気になり、株価がドンドン上がりました。

日本がかつてないほどの好景気となったのも、すべてDream Mapによるところだと学者がこぞって研究を始めました」

私がこのドリームマップをつくった時点で、ドリームマップをつくった人は日本中でたった四十名。考案したばかりのドリームマップ研修について、その後の展開はまったく五里霧中の時点でこのようなコメントをしました。

書いた私は真剣そのものだったのですが、これを見た周囲の方々は「妄想も甚だしい」と思ったに違いありません。

でも、三年たった今、多くの方が「ドリームマップ、順調だね」と言ってくれます。

同じく、このドリームマップには、次のような一文もあります。

「本当にベストセラーになってしまいました！　どこの本屋さんに行っても平積みになっています」

このドリームマップをつくった時点では、出版社との接点もまったくなく、執筆したい本の内容すら定まっていませんでした。

しかし私はまじめに、「本を出せば、研修会社としての信頼が得られる！」そして、「本を出せば、全国に自社の存在をＰＲできる！」と考え、「とにかく本を出版したい！」という強い思いをもっていました。

そして同年の秋、『上司になったら覚える魔法のことば』（中経出版）が上梓され、名古屋の中心地である栄の「丸善ビジネス書コーナー」にも、私の本が並びました。

平積みならぬ、畳一枚くらいの壁一面に、私の顔が並んでいるではありませんか！（本の表紙に顔写真のアップがあったのです）恥ずかしくて、近寄れませんでした。

また、日本経済新聞の書籍紹介の欄に私の顔がド〜ンと登場したときには、ドリームマップに描いた以上の現実に、思わずため息が漏れました。

こういった体験を経て、「あ〜、ドリームマップ、恐るべし！」と、誰よりも私自身がドリームマップのファンになったのです。


ドリームマップが、あなたの夢をかなえます。

ドリームマップで、あなたも〝なりたい自分〟になれます。

夢をかなえるワン・ツー・スリーの法則

完成したドリームマップの表面的な部分だけを見ると、欲しい物や行きたい場所の写真、雑誌の切り抜き、家族や仲間の写真をペタペタ貼っただけの一枚の紙に見えます。

しかし、このドリームマップには、二つの大切なメッセージが込められているんです。

一つ目のメッセージは、「仕事は夢をかなえる手段である」ということです。

夢をかなえたり、目標を達成したりするためには、行動を起こさなければなりません。

目標達成に必要な行動を導き出すために、
❶自分が現在置かれている状況を分析し、
❷自分が将来なりたい理想の姿をビジュアル化することによって、❶との差を明らかにします。そして、
❸その差を埋めるための「仕事」「勉強」「練習」をするのです。
つまり、仕事も勉強も練習も、「人生の〝目的〟すなわち〝夢〟をかなえるための手段」なのです。私はこれを、「夢をかなえるワン・ツー・スリーの法則」と名づけました。

夢をかなえるワン・ツー・スリーの法則

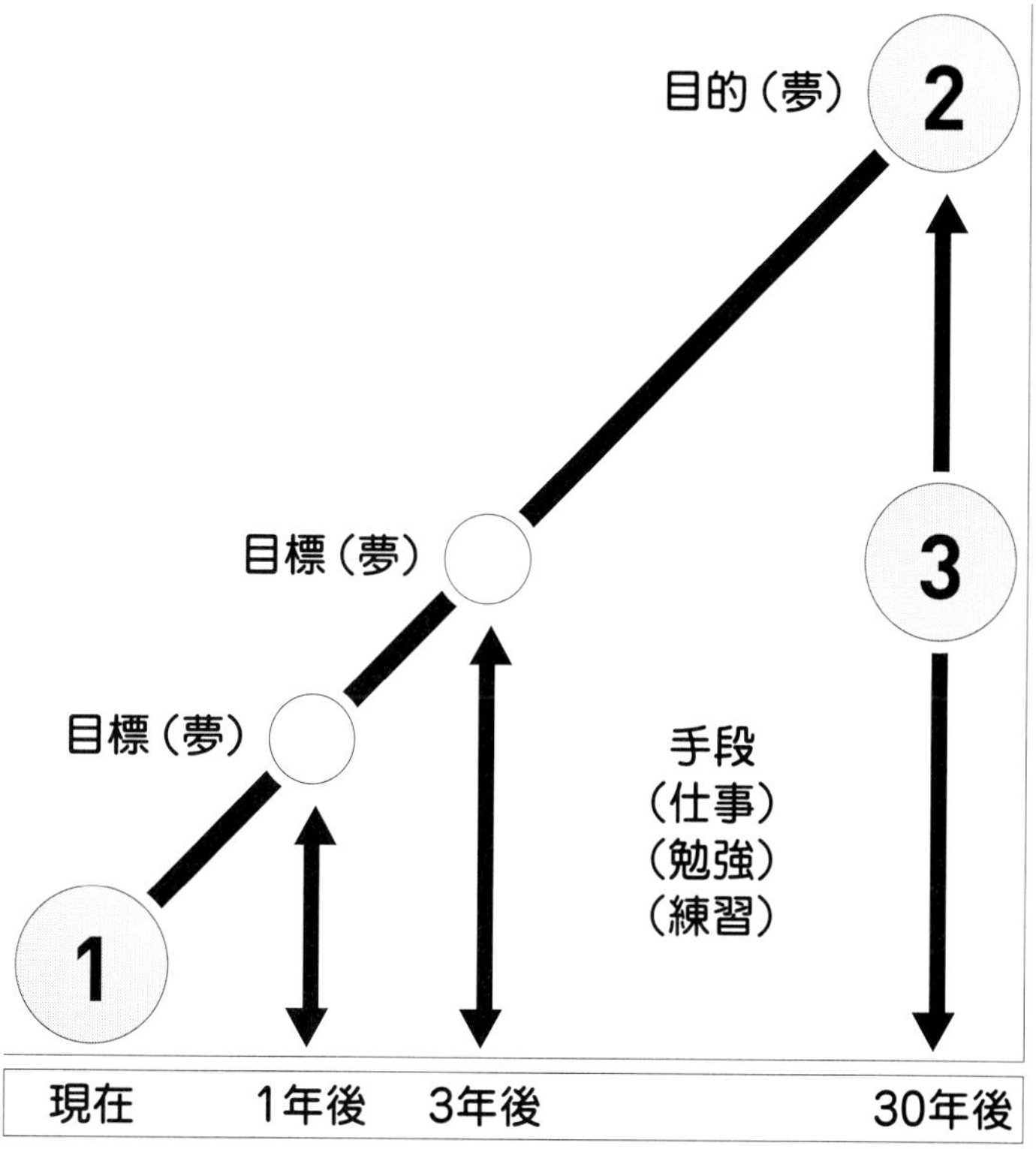

ドリームマップに欠かせない四つの視点

二つ目のメッセージは、「人は、仕事を通じて〝社会〟とつながる」ということです。

ドリームマップは、目標を達成したときに得られる次の四つの視点からつくります。

❶自己（物質）…自分の欲しい物が得られる、❷自己（精神）…自分が精神的に満たされる、❸他者…家族や友人や仲間への貢献、❹社会…地域や社会への貢献です。

たとえば、目標達成により得られるお給料で、洋服や車を買うなどが自己の物質、旅行に行ったり資格を取得するなどが自己の精神を満たすものとして、すぐに思い浮かびます。

さらに仕事を通じて他者や社会ともつながっていることを認識することが大切です。

私たちは仕事を通じて、他者に貢献しています。仕事をすることによって家族の生活を支えつつ、職場の仲間や上司を助けているのです。また、私たちは仕事をすることによって、社会にも貢献しています。あなたの勤める会社の商品やサービスが世の中をより快適で便利なものにし、国や地方自治体は、あなたの支払った税金によって動いています。

あなたの日々の仕事が、住みよい社会の形成に役立っているのです。

ドリームマップの４つの視点

なぜ、三年後なのか？

人間の体には六十兆個ほどの細胞があり、約三年でほとんどの細胞が生まれ変わるそうです。三年間は約千日です。千日修行、千羽鶴、千人針。古くから人は、〝千〟に願いを込めて生活してきました。

また〝石の上にも三年〟と言います。「一つのことを三年続ければ、必ず芽が出る」という意味の慣用句です。

三年後、あなたが別人のように変わっていたとしても、少しも不思議なことではありません。

私自身のことを振り返ってみても、三年ごとに大なり小なり変化を経験してきました。

新卒として入社した会社で、トップセールスになったのは入社して三年後でした。

専業主婦だった私が、指名がくるパソコンインストラクターになったのも、インストラクターという仕事にあこがれて一念発起してから三年後でした。

起業して、会社が軌道に乗り、有限会社を株式会社にしたのも三年後です。

パソコンの指導が主な事業内容だった会社を、コーチング研修に業務内容をシフトし、実績が伴ってきたのも三年後です。

すべて、「三年後、こういう自分になりたい！」という思いが、自分や自分の周りの環境を変えてきたのだと思います。

どうして一年後でも、五年後でもなく、三年後なのか？

その理由は正直言ってよくわかりません。でも、一年では時間が足りず、行動した成果を計るには早すぎるように思います。

逆に、五年や十年では長すぎて取り巻く環境が変わってしまいます。五年後や十年後の社会がどうなっているか、時代が読めず、それに夢が追いつかないからなのかもしれません。

自分の体験から、まずは三年後の夢を設定するのが最もよいと考えています。

この仮説をもって周りを見渡してみたり、実際のドリームマップ研修の受講生が、ドリームマップをつくった後に「夢がかなったか」を追跡してみたりすると、やはり多くの人が〝三年〟という言葉を口にします。

どうやらここは、あまり難しいことは考えずに、多くの先人の経験から、「三年後、なりたい自分になれる！」と考えて、目標を掲げてみましょう。

九歳から八十三歳まで、一万五千人がつくった！

株式会社エ・ム・ズという社名には絵・夢・図という当て字があって、「夢を絵にしたり図にしたりすることによって、ビジョンを明確にしましょう！」という意味があります。エ・ム・ズでは、二〇〇三年十月にドリームマップづくりを提唱し始め、三年間で一万五千人以上の方々のドリームマップづくりをお手伝いしてきました。

小学校四年生の九歳から、八十三歳のおじいさんまで、老若男女、それぞれに自分の夢をドリームマップの台紙の上に描いてくれました。

公立の小・中・高校へは、経済産業省の起業家教育促進事業のプログラムとして採択されたことにより一気に導入が進みました。現在は私立の学校へも導入を働きかけています。導入した学校の中には、卒業式に体育館いっぱいにドリームマップを貼り出したり、卒業文集に顔写真とともに掲載したり、親と子と先生の三者面談で使ってくださったり、さまざまな場面で活用していただくケースが出てきました。

子どもたちがドリームマップをつくる授業は、幾度となく新聞や雑誌、テレビにも取り上げてもらいました。子どもたちが目をキラキラさせて夢を語る姿は、疲れた私たち大人に微笑みと癒しを与えてくれます。

小・中・高校への取り組みについては、拙著『ドリームマップ　子どもの〝生きる力〟をはぐくむコーチング』(大和出版)をご参照ください。

大学・専門学校へは、就職対策セミナーやインターンシップ前研修、またキャリアデザインやキャリア開発など授業の一環としての導入が進んでいます。

学生脳から社会人脳へ切り替えるために、自らの人生設計をビジュアル化するドリームマップはとても有効だと判断された大学では、千三百名の一年生全員にドリームマップづくりを必須科目に設定するといったケースも出てきました。

一般企業の社員の方や行政職員の方へは新入社員研修や三年目研修、また、チームを一体化させるための手段としてドリームマップ研修の導入が進んでいます。

また、リタイアを控えた方たち、既にリアイアされた方たちが、ドリームマップを通して今後の人生を考えたり、サラリーマンやOLの中でも「何か、自分にできることで事業を始められないか?」と、起業を模索するためにドリームマップを活用したり、子育てが一段落した主婦たちも、これからの人生を考えるためにドリームマップと向き合ったりしています。日本中でいろんな立場の人が、こぞってドリームマップづくりに燃えています。

数字による目標設定は苦しい

会社の目標管理制度などで設定する業務の目標や、人生設計における目標は、大抵の場合、数字と言葉で表します。

数字と言葉だけの目標設定は、「やらなければならない」といった強制される感覚や「ノルマを設定して、それに追われているような強迫観念」といった負の感情を引き起こしやすいものです。

私はよく研修の中で、「『数字による目標設定ができると、やる気になる。がぜんモチベーションが上がる！』という方、手を上げてみてください」と挙手を促します。

すると、受講生の顔が一瞬引きつり、会場全体が重い空気に包まれ、腕組みをしたり、口をギュッと結んだり、苦笑いをしたり……。

「数字による目標設定なんて、できればやりたくない。本当は苦しいんだ！」という気持ちを、受講生の皆さんは無言でありながら全身で表現されます。

数字と言葉だけの目標設定は、本来、「夢」に含まれるワクワク感やウキウキ感といった要素が欠落しがちです。

これでは、イキイキと前向きに仕事に取り組むためのハートに火はつきません。

そこで、私は研修の中で、次のようなワークをします。

「ゆったりとした姿勢で椅子に腰掛け、ゆっくり目を閉じ、深呼吸をしてください。今からお話しします物語をイメージしてみてください」

「今、あなたはいつものベッドで目覚めました。とっても心地のよい朝がやってきました。すがすがしい朝です。

気分がすっきり、体調も万全です。

そんなみなさんに、私から、プレゼントがあります。

なんと、おひとり十億円ずつ。

十億円のプレゼントです。このお金は何に使っていただいても構いません。自由にお使いください。

さあ、あなたは何にいくら、何にいくら使いますか?」

ここで、一分間、十億円の使い道をイメージしていただきます。

一分後、四人一組になって、自分のイメージをシェアします。

このとき、会場全体がヒートアップします。笑いがあふれ、受講生全員が笑顔になるのです。


「はい、やめてください」と、話の中断を申し出ても、その声が届かないほどです。

つまり、十億というのも一つの数字ですが、「十億あったら何をするか?」という十億のその先をイメージしたとき、私たちはワクワクして、モチベーションが上がるのです。

仕事で課せられる目標も、数字で攻められたり、自分自身を数字で追い込むと苦しくなりますが、「数字を達成したとき何が起こるのか?」と、数字のその先をイメージすると、楽しくなるのです。

これは、「やらなければならない(MUST)」を「したい(WANT)」に変えるちょっとしたコツなのです。

ドリームマップでは、数字と、数字のその先にあるものを、台紙の上にビジュアル化して表現します。

そうすることで目標が目で見てわかるだけではなく、夢や目標が本来持っているワクワク・ウキウキの要素を引き出す効果があるのです。

楽しく、ハッピーな夢を描こう

みんなでワイワイと楽しみながら目標設定ができることも、ドリームマップの魅力の一つです。

楽しいから続く、楽しいから広がるんだと思っています。

今このときも、一万五千枚のドリームマップが、一万五千人の夢を応援しています。

巻末の付録にドリームマップのつくり方を掲載していますので、ぜひ実際につくってみてください。

でも、いざドリームマップをつくろうとすると、「どの程度の夢を描いていいものか？」と迷ってしまう人がいるかもしれません。

「これは、夢なのか妄想なのか？」とか、「こんな夢を描いて恥ずかしくないのか？」とか、いろいろな思いが頭をよぎるかもしれません。

しかし、ここは大人の自分を脱ぎ捨てて、子どものように素直に自分と向き合って、

「どうなったらハッピーか？」

「何が起こったらハッピーか？」


ただそれだけの理由で描いてみてください。

「どうしたらそれが実現できるのか？」とか、「なぜ、そんなことがしたいのか？」というようなビジネスパーソンであれば当然考えるようなことは一切考えなくてもいいんです。

ドリームマップはあなたの深層心理を知るチャンスです。理由や根拠は後からついてきます。

ドリームマップは、根拠や裏づけなく、伸び伸びと思いっきり描いてみてください。

ドリームマップは夢実現へのカーナビ

一度つくったドリームマップと、その後一緒に過ごすことが、夢を実現するための大切なポイントです。

一緒に過ごすために、いつも目にする所に貼ったり、携帯電話の待ち受け画面に設定したり、縮小コピーしたものを手帳に貼ったりして持ち歩くのです。

いつもドリームマップを眺めていると、どんないいことがあるのでしょうか?

それは、直感が働くようになるのです。

このことは、ドリームマップをカーナビにたとえるとわかりやすいかもしれません。

カーナビというのは、車のエンジンをかけると、まずGPSという機能で現在位置を把握します。そして、目的地を設定すると、いくつかのルートを検索してくれます。

推奨ルート、有料道路優先ルートなど、ルートを選択して「案内開始」のボタンを押すと、後は自動走行に近いくらいの状態でドライバーであるあなたはカーナビに操られます。

カーナビの声に従って、ただあなたは車を運転するだけです。

「目的地周辺です。音声メッセージを終了します」という機械の女性がしゃべる声に「えっ、着いたの？」と、われに返った経験が、カーナビ利用者なら誰でもあるのではないでしょうか。

ドリームマップも同じで、つくる過程で、自己分析（現在地の設定）→目標設定（目的地の設定）をするので、行動計画（ルート検索）は自動的に私たちの脳が行ってくれます。

こんなことを思い出します。私は保険のセールスをしていたとき、営業に行き詰ると名刺フォルダを眺める習慣がありました。

名刺フォルダをめくりながら、お客様おひとりおひとりの顔を思い出していると、

「○○さん、久しぶりだなぁ〜。電話してみよう！」

「○○さん、お元気かな？　突然電話をしたら驚かれるから、手紙を書いてみよう！」

「そうだ、○○さん、△△に関心があるって言っていたなぁ。あの資料をお送りしよう！」といったひらめきがありました。

これこそまさに私の脳にあるルート検索機能が働く瞬間だったのです。

このひらめきに従って電話をしたり、手紙を書いたりすると、

「そうそう、いいところに電話をくれた。子どもが産まれたんでね、『保険に入らなきゃ』って思ってたんだけど、そういうときにセールスの人って来ないんだよね。秋田さん、

ラッキーだね。いつ来てくれる？」

「ちょうどよかったよ。ちょっと教えてほしいことがあるんだけど、近々寄れる？」

なんて言ってもらえて、それが契約につながったりしました。

まるで、名刺フォルダと、それとともに思い出すお客様のお顔の映像が、ドリームマップと同じカーナビの役目を果たしてくれていたようです。

ひらめきや直感も、夢をかなえるための大切な要素なのです。

眺めているだけで〝ひらめき〟がもらえる

今では、ドリームマップといつも一緒に過ごすことで、ひらめきがあり、ドリームマップが夢への道を教えてくれています。

私のドリームマップとのつき合い方は、こんな感じです。

朝夕、ちょっと一息つくときに、コーヒーを飲みながらドリームマップを眺めます。

ドリームマップを遠くから眺めると、未来に思考が飛び、神の声ならぬドリームマップが語りかけてくれるのです。

「よくやっているね。君が今やっていることは、確実にこちらに近づいているよ。その方向で間違っていないから、そのまま進みなさい。応援しているよ」って。

さらにドリームマップに近づいて、一つずつの写真やイラストをマジマジと眺めていると、次から次へ行動計画が思い浮かんできます。

「○○さんに電話して、△△さんに資料を送って……」

ひらめきを書き留めるメモがないと追いつかないほどです。

そして、このときひらめいた行動を一つずつこなしていくのです。

そして、実際に行動してみて、うまくいかなかったときは、また、ドリームマップに向かって問いかけます。

「どうしたら、うまくいくんだろう？」

すると、ドリームマップが教えてくれます。

「こっちの道も考えられるよ」って。

でも時々、ひらめきが鈍ることがあります。

ふとした気の迷いで、寄り道をしてしまったり、間違った判断をしてしまったりすることがあるのです。

でも、こんなときこそ、ドリームマップの出番です。

心配しなくてもちゃんと再検索してくれて、正しい道に戻してくれるのです。

「やっぱりやめたら？」「元に戻ろうよ」と、ドリームマップが語りかけてくれます。

その声に素直に従って、「考え直してやめることにしました」「やっぱり元どおりにします」と、元のルートに戻るのです。

こうして、ドリームマップは夢への道を切り開いてくれるのです。

描いた夢はどんどん人に話そう

ドリームマップをつくったら、とにかく人に話しましょう。

「私の夢はね……」というように、ストレートに話しても構いませんが、照れ屋さんにオススメなのが、ドリームマップが貼ってある部屋に人を招くことです。

部屋にドリームマップが貼ってあるのを無視する人はよっぽど鈍感です。

まず、部屋に入ってくるなり「これ、何？」というのが、普通の人の反応でしょう。

私が一冊目の本を出版できたのも、ドリームマップを見た友人が、「へ〜、秋田さん、本を出したいの？」と聞いてくれたことがきっかけでした。

「そう、出したいの……。でも、どうしたらいいかわからないの」と答えた私に、友人は、「出版社の人、何人か知っているから紹介しようか？」と言ってくれました。

そこで初めて、彼女が雑誌の編集の仕事をしていることを思い出しました。

「ほんと？　紹介して！」

こうやってドリームマップを囲んで話が弾んだことがキッカケとなり、出版社の方を紹介してもらって半年後の出版が実現したのです。

あのとき、彼女がドリームマップを見ていなかったら……。もしかしたらこんなに早く出版に結びつかなかったかもしれません。


持つべきものは友人、つくるべきものはドリームマップです。


ほかにも、ノートの表紙に縮小コピーをしたドリームマップを貼って、話題のきっかけにするという方法もあります。

ブログにドリームマップの写真を貼り付けたり、ドリームマップを印刷した年賀状を送るという方法もあります。

やり方は自由です。とにかく、騒ぐことです。

「私はこうなりたい！」と、なりたい自分に対する認知が自他ともに進むと、同時に情報が入ってきます。

その情報は、あなたのカーナビが目的地へのルート検索をするときに必要な情報となってあなたの脳にインプットされるのです。

大切なのはワクワク・ウキウキ感

私は一年に三～四枚のドリームマップをつくります。

ドリームマップ研修の公開講座で受講生と一緒につくるドリームマップ。

決算期の変わり目に、前期につくったものからつくり替えるドリームマップ。

頭の中にあるモヤモヤしたイメージをアウトプットするためにつくるドリームマップ。

などなど……。つくるドリームマップはさまざまです。

「三年後の会社」「今期の目標」「新しい事業」「理想のビジネスモデル」というようなビジネスバージョン。

「私の理想のリタイア後」や「十年後の私」といったプライベートバージョン。

また、その融合バージョンなどなど、いろいろつくることができます。

ドリームマップはつくったものを、そのまま掲示しておくのではなく、定期的なメンテナンスが必要です。

なぜなら、夢が変わることもありますし、夢だと思っていたものが本当の夢じゃなかったと気づくことがあるからです。
つくったドリームマップが次のようなマップなら、つくり替えていきましょう。

●手段マップ

夢が変わる理由はいくつかあります。たとえばよくあるのが、手段を夢だと勘違いしたままドリームマップに手段を描くケースです。

手段とは、たとえば「資格取得」とか「会社を興す」などの行動そのもののことです。ドリームマップに描いてもいいのですが、資格が取得できたり、何らかの理由で会社を興す必要がなくなったりしたら、ほかの夢に貼り替えましょう。

●妄想マップ

後から見ると「恥ずかしながら妄想だわ！」と、気づくケースです。

妄想と夢とはちょっと違うのです。

妄想と夢を、広辞苑を調べてみると……、

「妄想」とは、根拠のない主観的な想像や信念。病的原因によって起こり、事実の経験や論理によっては容易に訂正されることがない。「誇大妄想」「被害妄想」

「夢」とは、将来実現したい願い。理想。

となっています。

ドリームマップをつくるときはハイテンションになりがちなので、ドリームマップ一面に妄想を描いてしまうケースがあります。

「三年後、年収一億円になった私は、世界一周旅行に行って、ブランド物を買いあさり、エステにグルメ三昧《ざんまい》で、さ、ら、にぃ、イタリア人の超ステキな男性にプロポーズされるのぉ～！」

のようなドリームマップです。

お遊びとして、みんなで集まって妄想マップを描いてみることは、楽しいと思います。ちょっと恥ずかしい深層心理の大暴露大会になるでしょう。年末のイベントなど、盛り上がりそうですね。

でも、夢を本当にかなえたいのなら、常識的に実現可能な夢である必要があります。

「これはちょっと妄想だったな！」と気づいたら、貼り替えましょう。

でも、夢と妄想の境目にはグレーゾーンがあるので、こじんまりし過ぎるよりも、妄想っぽいドリームマップのほうが、その人本来のパワーがあふれるような気がして、私は好きです。

●役割マップ

役割マップとは、仕事上の役割や目標やノルマをドリームマップに描いたケースです。「〜しなければならない」「〜であるべき」「〜すべき」「〜しなくっちゃ！」と、見る度に胃がキリキリしてしまうようなドリームマップです。

ドリームマップの真ん中に、「必達○千万」と書いてあり、その下に、「根性」「努力」「継続は力なり」と書いてあるようなケースです。

無意識にこういうドリームマップをつくってしまう方は、ちょっと疲れていることが予想されます。リラックス、リラックスです。

すぐに取り外して、見ていて楽しくなるようなドリームマップにつくり替えましょう。

●堅実マップ

堅実な人がドリームマップを描くと、ついついガチガチに現実に即したドリームマップになりがちです。

「週に一回以上ミスをしない」「一日一件、必ず毎日電話する」

など、「〜しない」といった禁止や、やらなければならないことを挙げた「ＴＯ ＤＯリスト」を書いたり、「一件」「一%」「一つ」など、細かい単位の行動を「コツコツする」という努力や根性を書いたりするものです。

つまり、まったくドリームではなく、堅実に地道に、現実を描いたマップのことです。

このようなマップは本人も、ほかの誰から見ても、面白くありません。

ワクワク・ウキウキしません。

ドリームマップは、本人が見ても他人が見てもワクワクすることがポイントです。

ワクワクしないドリームマップは、夢の実現に十分な力を発揮しません。

さっそく、ワクワク・ウキウキするドリームマップにつくり直しましょう。

第2章

まず“なりたい自分”をハッキリさせよう

究極の自己イメージの見つけ方

ドリームマップは脳の働きを活用している

私は脳科学にとても興味があります。

脳に関する研究は、近年めざましい進歩があるようです。

以前、うつ病などの精神疾患は、〝気のせい、なまけ病〟などと誤解されていました。

現在では、そのメカニズムが明らかになり、神経伝達物質を調整する薬で治療することが可能になりました。

同じように、脳の研究が進む前は、目標を達成することや夢をかなえることを、〝気力や能力〟の面から考えることが多かったように思います。

しかし、今では脳の仕組みや働きを知った上で、自らをコントロールして、目標を達成したり夢をかなえたりすることが可能になりました。

私たちの脳には不思議な力があるのです。

それは、イメージしたものを現実にする力です。

電球を発明したエジソンや、飛行機を発明したライト兄弟も、電球や飛行機を具体的にイメージできたから発明できたんです。

逆に言えば、イメージできないものは、現実にならないのです。

興味をもって脳科学を学んでみると、ドリームマップは脳の働きをうまく活用した目標達成ツールだということがわかります。

脳は、心地よいことが大好きです。

夢を描くこと、かなうまでの道筋で体験する感動的なこと、夢がかなうこと。これらはすべて脳が大好きなこと（快と感じること）なのです。

ワクワクしたり、ウキウキすることは、小さい動物や人間の子どものようなかわいらしいものに触れることと同じように、私たちの脳が大好きなことです。

これらはすべて、私たちの脳が活性化し、私たちのエネルギーが高まることなのです。

あなたがワクワクするドリームマップをつくって、ドリームマップとともに過ごすと、あなたの脳はいつも心地よい感情で満たされます。

するとあなたの脳は、その心地よい感情を維持したいので、現実をドリームマップそのものに変化させていくのです。

つまり、ドリームマップに描いた夢がかなうのです。

まず〝なりたい自分〟を明確にしよう

ワクワクするドリームマップをつくるために、まず初めに取り組むことは、〝なりたい自分〟のイメージをはっきりさせることです。

ドリームマップで「いつまでに、どういう自分になりたいのか?」を明確にしたら、到達の仕方（行動）を考える力が私たちの脳にはあるんです。つまり、〝なりたい自分〟を考えることが先で、そのための行動を考えるのは、〝なりたい自分〟を考えた後なんです。

どういうことかというと、たとえばこういうことです。

私のスケジュールは、月の半分くらいが出張です。全国津々浦々、初めての土地に出かけます。そのとき、クライアントからいただく情報は次のとおりです。

「○月○日○時に、○○に到着してください」

約束の時間に目的地に到着するために必要な情報は、この二つです。

「約束の日時」と「到着場所」という二つの情報さえあれば、「何時に家を出て、どのルートを通れば約束の時間、約束の到着地に行けるのか?」と、行程を考える力（ネットで検索したり、人に聞いたりする力を含めて）が私たちには元々備わっているのです。

つまり、私たちの脳は、「いつまでに、どこに行くのか？」という二つの情報をインプットされると、到達の仕方を考える力があって、イメージを現実にできるのです。

〝なりたい自分〟のイメージとは「理想の状態」と言い換えられるかもしれません。

たとえば「仕事もプライベートも充実している」〝なりたい自分〟のイメージを次のように具体的に表現してみます。

●三年後、十分に充実感の感じられる仕事をしながら、大切に守るべき家族との穏やかな生活を手に入れている自分。

●三年後、仕事では、常にチャレンジし続けるポストを与えられ、十分な評価を受けながら、週末は趣味に没頭できる時間を手に入れている自分。

●三年後、自分のセンスを最大限に発揮できる仕事を持ちながら、週末はボランティア活動に参加できるだけの余裕ある収入を確保できている自分。

このように、まず、〝なりたい自分〟のイメージをはっきりさせてから、そこに向かう手順や方法を考える。こうすることってごく当たり前のことだけど、多くの人ができていないことだと思うんです。

まず〝なりたい自分〟を明確にして、あなたの脳の力を活用して、夢をかなえましょう。

「究極のなりたい自分」って？

「〝なりたい自分〟って、どんな自分ですか？」

あらためて聞かれると、考えちゃいませんか？
一つ、ヒントを出しますね。
リラックスした環境で、次の物語を想像してみてください。
ヒーリング音楽をかけながら想像してみるといいと思います。

今、あなたは空を飛んでいます。
とても、気持ちのよい気分です。
空は晴れ渡り、心地よい風が吹いていています。
ふわふわと、全身の力が抜けて、空を漂っています。
何気なく地上を見ていると、多くの人が集まっている所があります。

「なんだろう?」

不思議に思ったのにはわけがあります。

あなたの知っている人ばかりが大勢集まっているのです。

近づいて、さらによく見てみると、どうやら誰かのお葬式に集まっているようです。

そう、あなた自身のお葬式です。

家族、友だち、会社の人たち、口々にあなたの思い出話をしています。

お焼香の時間がやってきたようです。

一人ずつ順番に、祭壇に近づき、お焼香をしながらあなたへ何かメッセージを伝えてくれています。

「あなたは、私にとって――――――――――な人だった」

「あなたのことを私はずっと、――――――――――だと思っていました」

「あのとき、あなたの言ってくれた――――――――――という言葉が、いまだに心に残っています」

「あなたの――――――――――という面が大好きでした」

さあ、本を閉じて、みんなからのメッセージに耳を傾けてみてください。

そして、同時に自分の人生を振り返ってみてください。

もう一度生まれ変わっても、同じ人生を繰り返したいと思いますか?

振り返ってみて、自分の人生にOKを出せますか?

自分の人生が、「いい人生だったかどうか」って、人生の最後に自分の一生を振り返ってみて「どう思えるのか?」だと私は思っています。

生きる過程で、いい事やいやな事がいっぱいあっても、人生の最後に「よかったなぁ、みんなありがとう!」ってニッコリ笑えたらステキだと思うんです。


いかがでしょうか?

どんな声が聴こえてきましたか?

自分で自分の人生を振り返ってみて、どんなことを感じましたか?

涙が出てきた方がいらっしゃったかもしれません。実際、私はこの話をコーチングの師匠から最初に聴いたとき、涙が止まりませんでした。

このとき、みんなから聴こえてくるメッセージや、自分でOKを出せる自分って、〝究極のなりたい自分〟だと思います。〝究極のなりたい自分〟は、〝三年後のなりたい自分〟

のヒントになると思うんです。
ちょっと、書き留めておきましょう。

究極の、なりたい自分

なりたい自分を見つける❶ 迷いがなくなる

究極の〝なりたい自分〟が明確になると、人生がぶれなくなります。

つまり、進む方向が決まるので、迷いがなくなるってことです。

私のビジネスパーソンとしてのなりたい自分像は、「秋田さんは、周りの人を輝かせた人だったね」って言われることです。

「秋田さんは輝いていたね」って言われるより、「周りの人を輝かせたね」って言われるほうがうれしいんです。

タレントよりもプロデューサー、プレゼンターよりも企画屋のほうが性に合っていると思っています。

こんな私なので、物事の判断軸は、「人を輝かせることにつながるかどうか?」です。

もちろん仕事上の役割は経営責任者なので、「利益が出るかどうか?」とか「クオリティを保てるかどうか?」という判断軸もあります。

しかし、たとえ利益が出る仕事だったとしても、人を輝かせない仕事だったら断ります。

同じように、クオリティが保てても、人を輝かせない仕事だったら断ります。

輝く人とは、私の会社のスタッフであり、クライアント企業の経営者や担当者であり、実際の受講生の皆さんです。

つまり、私の会社の商品（研修）を買ってくれた企業の担当者や経営者に喜ばれること。それから、受講してくれた社員さんが「楽しかった！」「目の前が開けた！」「ヒントがもらえた！」と、喜んでくれること。

そして提供した私の会社の営業担当者、ファシリテーター（講師）もうれしくなること。

そんな仕事だけを請け負うのです。

「そんな、殿様商売が成り立つの？」って、思われますか？

最近は、よい意味でこだわりのある商売のほうが、顧客の心に響く時代だと思っています。雑誌でも食品でも洋服でも、何でもコンセプトのしっかりした「こだわりの商品」は、キチっとそのマーケットの中に受け容れられています。

ターゲットの不明確な商品は、淘汰《とうた》されるんじゃないでしょうか。

私の友人に、〝なりたい自分〟像として、「縁と縁をつなぐ人になりたい」という人がいます。

その友人は転職を考えるとき、第一に、「人と人との縁をつなぐことができる仕事はないかな?」という視点で求人誌をめくります。

人と人との縁をつなぐことに直接関わらない仕事は、たとえどんなに条件がよくても、就職しないいんだそうです。

また、別の友人は、〝なりたい自分〞像として、「一人前の大人として見られたい」と言います。

この友人は、あれこれ決められずに悩むとき、「一人前の大人だったらどっちにするか?」と自分に問いかけ、決断するそうです。

〝なりたい自分〞が明確になると、迷いがなくなり、まっすぐに夢に向かって進めるのです。

なりたい自分を見つける❷

「まだまだ足りない」から抜け出せる

「仕事の成績を上げなければ」「ライバルに勝たなければ」「会社に認められなければ」

このような動機で、ありあまる向上心から、積極的に研修に参加したりビジネス書を読みあさったりしてビジネススキルを学び続け、知識や技術を追い求める人たちがいます。

決してそのこと自体は悪いことではなく、逆に褒められることなんですが、意外に本人は、得体の知れない強迫観念みたいなものに追われているケースが多いようです。

得体の知れない強迫観念。その正体は何なんでしょう？

それは、自信のない自分を武装するための武器探しだと思うんです。

「本当は自分に自信がない。それを自分では認めたくはないけれど、自分が一番よく知っている。周りからの期待に応えたい。期待されるとそれを実現するための努力をするから、今まで応えてくることができた。だから周りはさらに期待してくれる。

今までのようにがんばれば、きっとこれからも応えられる。

武器さえあれば応えられる、そう、武器さえあれば……」

週刊で発行されるビジネス雑誌には、「デキル人の時間管理術」「デキル人の交渉術」「デキル人のロジカルシンキング」などなど、武器のオンパレードです。

それらを目にすると、「まだまだ自分には足りないものがある」と感じてしまい、もっと、もっと、さらに、さらに、と磨きをかけ続けます。

私にも同じような時期がありました。

週末のお休みの日には、溜まったビジネス書と赤ペンを片手に格闘し、次から次へ発行される雑誌の特集から、仕事に関連する記事をスクラップしていました。

どんなに勉強して、どんなに知識を得ても、世の中のビジネスパーソンには勝てないような気がして、それに時間を費やすうちに余裕がなくなり、プライベートの生活はボロボロで、何だか自分は限りなく中途半端な人間のように思えてきました。

〝なりたい自分〟のイメージがはっきりすると、こういった得体の知れない強迫観念から解放されます。

なぜなら、得体の知れない、姿の見えない相手と比べるのではなく、自分にとって〝なりたい自分〟と向き合えるようになるからです。

そして、周りの期待や何かに追い立てられるのでなく、自分から〝なりたい自分〟に向かって進んでいく力がわいてくるのです。

なりたい自分を見つける❸ 本当に大切なものが見えてくる

〝なりたい自分〟を見つけると、わかることがあります。

それは、「ビジネススキルのような武器はあくまでも手段であって、目的じゃないんだ」ってことです。

どういうことかと言うと、たとえば私の場合、「周りを輝かせる自分になりたい」という〝なりたい自分〟になることが目的であり、そのために必要なビジネススキルはあくまでも手段だったのです。

つまり、周りの人を輝かせるために、高度なビジネススキルは必要なかったのです。高度なビジネススキルよりも、「心から周りの人を愛する気持ち」「成長を待つ気持ち」「失敗を許す気持ち」などの、人と接するときの心構えのほうがよっぽど大切だということに気づきました。

つまり、〝なりたい自分〟がハッキリしたら、ビジネス書にあるようなビジネススキルを身につけるという手段にこだわらなくなったのです。

私の場合、そのとき以来、ビジネス書をほとんど読まなくなりました。今までビジネス書を読んでいた時間を使って文学や文芸書を読むようになったのです。

すると、面白いことに気づきました。

文学や文芸書の中に、ビジネスのヒントがいっぱい隠されていたのです。

「企業は人なり」と言われますし、私もそう思います。

しかし、〝人〟の気持ちの機微は、ビジネス書ではなかなか学べません。

時代や民族を超えて読み継がれる優れた文学、現代という時代のある一つの側面を切り取った小説、未来を予知する社会的な見地に立った文芸書などの中に、ビジネスのヒントが隠されていたのです。思わぬところで宝物を見つけたような気分です。

先ほどの「縁と縁をつなぐ人になりたい」という友人は、「多くの人に出会うこと」「相手の求めを察すること」「相手の長所を見つけること」などが大切だということを知っています。

「一人前の大人として見られたい」という友人は、「一人前の大人の立ち居振る舞い」「相手に合わせた言葉づかい」「その場に応じた気遣い」などが大切だということを知っています。

あなたも、〝なりたい自分〟を明確にして、本当に大切なものを見つけましょう。

なりたい自分を見つける❹ 自分を責めなくなる

「自分に自信がない」という人の大半は、「私なんて……」と、自分を過小評価して責める気持ちを持っています。

ある女性は、ドリームマップをつくるとき、「私なんて、まったく社会の役に立てていません。夢と言われても……自信がありません」と、広げた台紙を前にうつむき加減で、ギュッと口を結んでいました。

この女性、よくよく話を聴いてみると、勤続十五年のベテラン看護師さんです。

「看護師という仕事そのものが、社会の役に立っているじゃありませんか！」と言っても、「そんな、私なんて、全然役になんか立ちません」と、とんでもないと言うように自らを否定します。

この女性は〝なりたい自分〟を、「感謝される自分になる」と描きました。

私　「毎日、患者さんから『ありがとう』って言われませんか？」

彼女　「そう、言われます」
私　「そのとき、どうするんですか？」
彼女　「『いいえ、仕事なんで、当たり前です』って答えます」
私　「どうして、『ありがとう』という言葉を素直に受け取らないんですか？」
彼女　「だって私、何もしていないんですよ」
私　「しているから、『ありがとう』って言ってくれるんじゃないですか」
彼女　「私、役に立っているんでしょうか？」
私　「十分、役に立っていますよ。患者さんが言ってくる『ありがとう』という言葉を
　受け止めてみてください」
彼女　「そうしてみます」

一週間後、彼女に会ったとき、一目で彼女の変化を確信しました。自信で目がキラキラしているのです。

彼女　「『ありがとう』の言葉を受け止めてみました」
私　「どうでした？」

彼女　「患者さんがうれしそうでした」

私　「患者さんがうれしそう？　どういうことですか？」

彼女　「私、患者さんの言葉を否定していたことに気づいたんです。『ありがとう』って言ってくれているのに、『そんなことありません』って。否定されたら、患者さんもうれしくないですよね。そのことに気がつきました」

私　「そうなんですね」

彼女　「『ありがとう』という言葉を受け止めるようにしてみたら、この仕事ってすごく感謝される仕事なんだってことにも気づきました。人の役に立っているんだということがわかったら、疲れも感じなくなったんですよ。夜勤も楽しくなりました。職場自体は何も変わらないのに……、ようは、モノの見方次第なんですね」

私　「誰かの役に立っている。感謝されている。その感覚が私たちを一番元気にするのかもしれませんね」

〝なりたい自分〟が見つかった。

受け止め方をちょっと変えてみた。

たったそれだけのことで、人は自分を責めなくなるのです。

なりたい自分を見つける❺

自分を好きになる

ドリームマップ研修の受講生で「自分が嫌い」という人がいました。

私とたまたま同じ年の女性で、彼女はこう自己紹介しました。

「秋田さんと同じ年です。秋田さんと比べると、情けなくなります。今はフリーターです。結婚もしていません」

と、みんなの前で自嘲《じちょう》気味に笑ったのです。

この女性は〝なりたい自分〟を、「秋田さんのような女性になる」と描きました。

私は、「自分のようになりたい」という女性に向かって、「秋田は、あなたが思うほど立派な人間じゃないよ」と、否定したい気持ちに駆られました。

が、ここは彼女の尊敬に値する立派な人間を演じることも役割だと考え、彼女に次のように聞きました。

私　「そうなんだ。秋田は、毎日、どういう生活を送っているイメージなの？」

彼女「よく知らないですけど、私のイメージの中の秋田さんは、偉そうな男性たちの前で、自信たっぷりにプレゼンをしているイメージです」

私「そうなんだ。それで、その偉そうな男性たちは何て言っているの？」

彼女「『なるほど』って納得してうなずいている」

私「そうか。私の歩き方とか、鮮明にイメージできるの？」

彼女「できます」

私「じゃあ、しばらく、秋田になりきってみたら？」

彼女「どういうことですか？」

私「秋田みたいな女性になりたいんだよね。だったら、秋田になりきって生活してみるの。歩き方とか、考え方とか」

彼女「できるかな？　やってみます」

私「ほら、私たちってよく見たら似ていない？　目が細かったり、ハナペチャだったり、年も同じ年だし」

そこにいた周りの人たち「似てる！　似てる！」

数時間後、彼女はニコニコしながら私の手を握ってきました。

「どうしたの？」と聞くと、「冷え性がなくなったんです」と言います。

彼女はひどい冷え性で、夏でも靴下とスニーカーを履いていないといられないほどだそうです。

なのに、「秋田になりきろう！」と思った瞬間から、指先がポカポカしてきたというのです。

彼女の心が、彼女のイメージする秋田の中にスッポリ入ってしまったので、彼女の体がそれに反応したのです。

私は冷え性ではありません。冬でも裸足でＯＫです。

でも、彼女は私が冷え性でないと知っていたわけではないのに、体が温まってきたのです。

イメージにはこれほどのパワーがあるのです。

彼女「秋田さんは、自分のこと、好きですか？」
私「もちろん」
彼女「どうして、自分のこと、好きだって言えるんですか？」
私「だって、誰も好きだって言ってくれなかったら寂しいから、自分で自分のこと、好きだって言ってあげたら、自分が喜ぶでしょ」
彼女「そうかぁ、自分で自分を好きになればいいんだ」
私「そうそう」
彼女「好きになれそう、かも……」

この会話を思い出してみると、脈略のない、言ってみると無茶苦茶な論理ですが、それでも人はこんなに変われるのです。

〝なりたい自分〟に描いたイメージが「秋田さんのような女性になる」。

その秋田が「自分で自分が好き」である。

だから「秋田さんのように、自分で自分を好きになる」

たったそれだけで、人は自分を好きになれるのです。

なりたい自分を見つける❻

人の育成が上手になる

人の育成にも〝なりたい自分〟を明確にすることは有効です。

人には必ず強みと弱みがあります。

そんなことは言われなくても重々わかっていることなんですが、部下とか子どもとか、身近な存在になればなるほど、欠点が目についてしまったりします。

相手の欠点は、自分に関係がある人であるほど、気になるし、腹が立ちます。

関係が浅かったり遠かったりすると、「人はカンペキじゃないから、あの人にもいいところもあるよ」なんて、のんきなことが言えますが、身近な人になるとそうはいきません。

思わず叱ったり、なじったり、あきらめかけたり……。

そんなとき、〝なりたい自分〟を思い出すのです。

私の場合だったら「周りの人を輝かせる人になりたい」という「なりたい自分」を思い出した途端、「こうしたら輝かせるんじゃないかな?」と、アイデアが浮かんできます。

「縁と縁をつなぐ人になりたい」という友人は、「縁をつなぐには、誰に会わせたらいいんだろう?」と考えた途端、「この人にとって、あの人がいいお手本になるかもしれない」と誰かを思い出します。

「一人前の大人として見られたい」という友人は、「一人前の大人はどういう態度を取るかな?」と考えた途端、じっくり相手の話を聴くことができます。

〝なりたい自分〟を思い出すと、〝今の自分〟ではなく〝なりたい自分〟から見た客観的な視点に切り替わります。

「〝なりたい自分〟だったらどう考え、どう行動するか?」と考えるのです。

すると、目の前で起こった事実に対して、〝今の自分〟なら主観的にカッとするようなことでも、感情が静まるのです。

また、相手の長所を伸ばすことに視点が移り、対処の仕方が変わります。

言うまでもなく、人の長所と短所はコインの表と裏なのです。

「どうして、こんな細かいことにこだわるんだろう?」

と、相手の欠点に気づいたら、

「細かいところに気づける長所」が裏側にあることを思い出すんです。

「どうして、こんなにいいかげんなんだろう?」

と、相手の欠点に気づいたら、

「おおらかな性格で場を明るくしている長所」が裏側にあることを思い出すんです。

多くの人は、欠点を指摘されてそれを直すように指導されるより、長所を認めてもらって、それを伸ばすように指導されたほうが好きなんです。

長所を伸ばすと、短所はなくなりませんが、薄まります。

相手の欠点が気にならなくなるのです。

こういう人の育成は、しているほうも、されているほうも楽しいはずなんです。

「なりたい自分」が常に胸にあると、自然に相手の長所を見つけられるようになります。

夢物語が、現実になった！

今、私の手元に一枚のイラストがあります。

先日、久しぶりに、会社の倉庫から引っ張り出してきました。

そのイラストには、ソファーにゆったりと座った複数の男女が描かれています。

コーナーテーブルにはそれぞれのお気に入りのカップに注がれたコーヒーが置いてあり、心地よい時間が流れていることがわかります。

ソファーの後ろには、大きな観葉植物とスピーカーが見えます。

そして、ソファーの手前には一人のファシリテーター（講師）がいます。

そうです。このイラストは、三年前に私が、夢の「コーチング・ファシリテーター&コーチ養成講座」の風景として、イラストレーターに書き起こしてもらったものなんです。

なぜ、この絵を倉庫から引っ張り出してきたのかと言うと、スタッフに見せたかったからです。

私　　　「ねえねえ、このイラスト覚えている?」
スタッフ「あ〜、懐かしい!　どこにあったんですか?」
私　　　「倉庫にあったよ。これって、どこかに似ていない?」
スタッフ「あ……。秋田さん、品川ですね。品川じゃないですか!」

何のことかと言うと、今年の夏、創業七年目を迎えた株式会社エ・ム・ズは、名古屋に本社を構えながら、品川に東京オフィスをオープンしました。その東京オフィスのセミナールームが、三年前に書き起こしたイラストそのものだったのです。

もちろん、三年前にそのイラストを描いてもらうために、ラフスケッチをイラストレーターさんに渡したのも私ですし、東京オフィスの場所とセミナールームのレイアウトを決めたのも私なので、不思議な話ではないのかもしれません。

しかし、三年前、「会議室ではなくソファーの置いてある部屋でセミナーを行う」という発想は、その当時の私の会社の体力からすると、誰から見ても夢物語で、現実味のまったくないものでした。

あれから三年がたちました。

気づくと、それなりに会社に体力もつき、夢物語が現実のものとなったのです。

三年恐るべし――彼女たちは次々と夢をかなえた

この三年で、私の周りの人たちも、次々と夢をかなえています。

それは、エ・ム・ズの「コーチング・ファシリテーター&コーチ養成講座」卒業生の仲間たちです。

着付けの仕事や講師をしていた原絹代さんは、「人の役に立ちたい！」とドリームマップに描きました。

そして、三人の子育て経験を生かして、有名な塾の機関紙に親子コーチングコラムを連載するまでになりました。

谷あゆみさんは、「時給八百五十円のパートから脱却したい！」とドリームマップに描きました。

そして、模索した結果、時給に換算して七万円にもなるファシリテーターの仕事の依頼がくるようになって、気がつくと女性起業家になっていました。

専業主婦として子育て真っさい中だった川原史子さんは、「子育てママの支援がしたい！」とドリームマップに描きました。

そして、夢中になるものを探し続けたら、二年で四百人の会員を集めるサークルをつくり上げ、最近ではさらに活動を広げるためにＮＰＯを設立しました。

松本理恵さんは、「私もファシリテーターになりたい！」とドリームマップに描きました。

そして、ファシリテーターという仕事にあこがれて、もともと得意だったヨガとコーチングを融合させた教室を開いたところ、キャンセル待ちが出るほど人気が出て、ヨガのインストラクターを養成し始めました。

司会者派遣の会社を経営する池崎晴美さんは、「三十代～四十代の司会者の司会業プラスアルファを見つけたい！」とドリームマップに描きました。

そして、年齢を重ねるごとにベテランの司会者が活躍できる場を探し出しました。

これらはすべて、三年以内の成果です。

一日一日の変化を感じることは難しいことですが、一日一日の行動が重なり、層になって厚みをもってきたとき、確かな成果となって、その姿を現します。

こうして思い起こしてみると、三年という月日って恐るべしです。

「思い切って起業してよかった」

ドリームマップが有効なのは、もちろん女性に限ったことではありません。

中野敦成さんは、現在大阪で独立系ファイナンシャル・プランニング事務所「ＬＢプランニング」を経営しています。

ドリームマップをつくった三年前は、ソフトウェアの開発販売の会社に勤める会社員でした。

もともと実家が商売をしていて、商売人の両親を見ながら育った中野さんは、ドリームマップにたくさんの人の前で講演している姿や、一対一でお客様の相談に乗っている自分の姿を描きました。

今、中野さんは、保険会社、金融機関などに所属せず、公正中立な立場でお客様の視点から、もっとも適切と思われるアドバイスを行い、夢を実現させるお手伝いをする〝生活設計アドバイザー〟として忙しい毎日を送っています。

「ドリームマップを通して、起業を真剣に考える人たちに出会ったこと、そんな出会いから人脈が広がって今があり、これからがあります。販路の拡大や安定した収入など課題はありますが、思い切って起業してよかったです」

と、語る中野さんは、会社員を辞めて独立するという一歩を踏み出し、課題をクリアすべく前進しています。

浅野幸夫さんは、現在「ＮＰＯ法人未来創造プロジェクト」の理事長です。

三年前にドリームマップをつくった当時、十数年の勤め人生活にピリオドを打ち、今後の仕事を模索していました。

ドリームマップをつくる過程で自己分析をしてみると、「自分はずっと人を育てることにかかわってきた」ということにあらためて気づきました。

すると、「子どもたちに遊びや、科学実験を通し、多くの仲間と創意工夫し、楽しく遊ぶ体験学習の場をつくりたい！」と、やりたいことが明確になってきたのです。

そして、「平成の松下村塾をつくろう！」と、ＮＰＯ法人を設立したのです。

その活動は、親子で参加して、一緒に手づくりの熱気球を上げたり、ハイキングやサイクリングを楽しむ活動から、中部圏の元気印の企業家・法律家・政治家などによる交流の場をつくる活動まで、幅広いものとなっています。

精力的に「平成の松下村塾をつくる」という夢への道を邁進《まいしん》しています。

強い思いが原動力になる

豊田雅孝さんは、岐阜県岐阜市にある社会福祉法人豊寿会特別養護老人ホーム、ケアハウス、デイサービスセンターなどを併設する高齢者総合福祉施設「サンライフ彦坂」の理事長です。

豊田さんが、ドリームマップをつくったのも三年前です。

その頃は福祉制度の転換期であり、豊田さんは今後の方向性を模索しながらドリームマップをつくりました。

つくる過程で、「将来的には、福祉のプロになりたい！」という自分の中にある強い思いに気づきました。

子ども、女性、老人、障害者……、現在の福祉施設は対象者によって施設もサービスも細かく区別されています。

しかし、諸外国の状況なども鑑みると、将来的には対象者の区別なく、ひっくるめてサービスが提供できる福祉施設が主流になってくるだろうことが予想できたのです。

そこでまず、障害者施設を開設することをドリームマップに描きました。

ドリームマップに描いてから一年半後には、土地の確保、建設反対者との対話などいくつかのターニングポイントを経て、岐阜県羽島市に身体障害者療護施設、身体障害者通所授産施設などを併設する障害者総合福祉施設「あいそら羽島」を設立するに至りました。

そして今、豊田さんは、さらに新たなドリームマップを描いています。

それは、DV（ドメスティックバイオレンス。夫や恋人など親密な関係にある、またはあった相手から振るわれる暴力）に苦しむ女性や子どもを保護する施設の建設です。

来春のオープンに向けて、着々と準備が進んでいます。

老人施設から、障害者施設へ、そしてさらに女性や子どもの保護施設へ、豊田さんの夢である福祉のエキスパートへの挑戦はまだまだ続きます。

このように、ドリームマップには性別や年齢による向き不向きはありません。その人の心に夢がある限り、老若男女誰もがドリームマップに向いているのです。

ドリームマップに終わりはありません。その人の心に夢がある限り、一つの目標達成は、次なる夢へのスタートとなるのです。

だからドリームマップは、一億二千万人の夢を描くことができるのです。

描いた夢が、なぜか実現してしまう秘密

ドリームマップをつくって夢をかなえてきた数名の方の例を挙げました。

この人たちは、なぜ三年で夢をかなえることができたのでしょうか？


彼らのしたことは、〝なりたい自分〟〝なりたい会社〟を明確にした。


たったそれだけのことだったんです。

そんな簡単なこと、どうして今まで誰も教えてくれなかったんでしょう？

いいえ、思い出してみると小さい頃から「将来、どんな大人になりたいの？」とか、「その学校に進学して何がしたいの？」とか「三年後、どうなっていたいの？」って聞かれてきたし、自分でも考えてきた気がします。

ちゃんと教えてもらっていました。

じゃあ、今までと、この三年間とは何が違うんでしょう？

違いは、やっぱりドリームマップの存在です。

ドリームマップで、〝なりたい自分〟を台紙の上に絵や図にして表した後、毎日、ドリームマップとともに生活をしてきました。

台紙の上に表された〝なりたい自分〟〝なりたい会社〟は、ドリーム（夢）へのマップ（地図）となり、羅針盤となってきたのです。

ドリームマップで夢がかなう秘密は「毎日、ドリームマップを見続けること」にあるのです。

なぜなら、常に〝なりたい自分〟を確認することで、今日すべきことがわかるからです。

ドリームマップは、「ここに行くんだ！　絶対行きたい！」という気持ちを持続させ、夢実現への速度を加速させます。

人は、〝なりたい自分〟になれる。

会社は、〝なりたい会社〟になれる。

そこに、ドリームマップがあれば、必ずなれるんです。

第3章

〝お腹の心〟を味方につければ人生が変わる

潜在意識と脳と夢実現の関係

誰もが夢をかなえられるのか？

オンギャ～と産まれたとき、赤ちゃんはほとんど何もできません。

世の中に関心を示すのは、生後ひと月ほどたってからでしょうか。親の姿を目で追うようになったと思ったら、キックする足の力が力強くなってきます。ある日、ゴロンと、寝返りが打てるようになって、ズルズルと床を移動するようになります。

そのうちにお腹を持ち上げられるようになって、ハイハイが始まります。気づくと、机のコーナーにつかまって立ち上がっています。「グラグラする足元が危なっかしい」なんて言っているうちに、前へ前へと、足を運び出します。

ここまでの成長が一年です。

明らかに見た目が変わるうちは、成長の姿を目で確かめられますが、大人になってしまうと、「昨年の自分と今年の自分の違いは？」と、問われたところで、「う～ん、また一つ年をとっちゃったなぁ」くらいの違いしか思い浮かばなかったりします。

体の成長や体の衰えは、本人が望まなくても一定の速度で進んでいってしまいます。

でも、本当に違いはそれだけでしょうか。

大人になると、見た目はそんなに変わりませんが、大きなアウトプット（成果）を出したり、大きな環境の変化を自らの意思でつくり上げることができるようになります。

なぜなら、自分と、自分以外の力（協力者、お金、情報など）を使う技を身につけているので、子どもの頃以上に、実は変化を起こすことができるのです。

大人になってからのほうが成長のインパクトが増すとも言えます。

ただし、誰でもインパクトある成長を毎年遂げるのかと言うと、そうではありません。

人それぞれの成長の具合は、本人が望んでいるかどうかでずいぶん違ってきます。

では、変化を望めば、誰もがインパクトある成長ができるのか？

誰でも思い描いた夢をかなえることができるのか？

そうとも言えません。

なぜなら、「人は変化を望むと同時に、実は変化を望んでいない」という、相反する心の仕組みを持っているからなのです。

みんな「頭の心」と「お腹の心」を持っている

私の知人に、会うたびに会社の同僚とうまくいっていないことを嘆く女性がいます。

「だから仕事が楽しくない。もっと私は仕事を楽しみたいのに……」

いつも同じ話です。

しかし、彼女は環境や行動を変えようとはしません。

結局、ろくに口をきくこともないまま、彼女と同僚は十年という月日を狭い事務所で一緒に過ごしています。

気の合わない同僚と十年間という月日を過ごしながら、「本当はもっと熱中できるような仕事をして、充実感を得たい」と言い続け、同時に「まあ、ＯＬってこんなもんだよね。どこに行っても一緒だよね」と話を締めくくります。

不思議だと思いませんか？

人は、何だかんだ言いながら、いつもの自分でいることに心地よさを感じるんです。

変わりたい、変わりたいと、「頭の心」で言いながら、「お腹の心」は意外と変化を望んでいないものなんです。

「頭の心」「お腹の心」という表現は、イメージしやすいように私が名づけました。

相反する心の仕組みを理解するには、このように私たちには心が二つあると考えるとわかりやすいと思ったのです。

「頭の心は、顕在意識」「お腹の心は、潜在意識」のことだと思ってください。つまり、

「頭の心（顕在意識）」とは、頭で考える心。
「お腹の心（潜在意識）」とは、心の奥底に潜む無意識の心。

「頭の心」はいつも、夢やら希望やらを描いています。
「今日の飲み会で、ステキな人に出会えたらいいなぁ」とか、
「起業して成功したら、自家用ジェットに乗ろう」とか、
「夏までに三キロは痩せたいなぁ」とか、
「いつか、ギリシャに行ってみたいなぁ」とか……。

このように「頭の心」であれこれ思うと同時に、「お腹の心」が瞬間的に反応します。

頭の心　「今日の飲み会で、ステキな人に出会えたらいいなぁ」
お腹の心　「でも、由紀子が集める飲み会なんて、いい男は来ないだろうなぁ」
頭の心　「起業して成功したら、自家用ジェットに乗ろう」
お腹の心　「起業して成功する人は限られているし、私にそんな力はないよなぁ」
頭の心　「夏までに三キロは痩せたいなぁ」
お腹の心　「ダイエットって、毎年思うんだけど、やっぱり私はちょっと太っているくらいが、私らしいんだよね」
頭の心　「いつか、ギリシャに行ってみたいなぁ」
お腹の心　「ギリシャもいいけど、韓国に買い物とエステに行くぐらいが現実的よね～」

どうですか？　思い当たりませんか？
「頭の心」は、変化を望む心です。
それに対し、「お腹の心」は変化を否定し、いつもの自分でいたい心です。

お腹の心が味方についた人だけ、うまくいく

このような「頭の心」と「お腹の心」が食い違う場合、まず現実は、「お腹の心」が思っているとおりになります。

なぜなら、私たちの心に占める「頭の心」と「お腹の心」の割合は、心理学の一説によれば、三対九十七とも言われているからです。

数字の信憑性《しんぴょうせい》は別にしても、比較にならないくらい「頭の心」より「お腹の心」のほうが大きくて影響力が強いのです。

つまり、私たちの心は、「いつもの自分」でいることが心地よいのです。

もしくは、心地良いとまでいかなくても、「いつもの自分でいることが、おさまりがよい」と感じるのです。

だから、とても変な話のように思えるけれど、

●営業成績が悪い人は、「営業成績が悪い」ほうが、その人にとってはおさまりがよいのです。

●異性にもてない人は、「もてない」ほうが、その人にとってはおさまりがよいのです。
●仕事運がない人は、「仕事に恵まれない」ほうが、おさまりがよいのです。
●金運がない人は、「お金に縁がない」ほうが、その人の「お腹の心」は、おさまりがよいのです。

では、夢がかなう、目標が達成されるときって、どういうときでしょう。

それは、「頭の心」が考えたことを、「お腹の心」が「そうそう、私もそう思う」って賛同して味方についたときなんです。

つまり、頭で考えた夢や目標に向かって、潜在意識であるお腹の心もその気になったときに、夢はかなない、目標は達成されるのです。

たとえば、

頭の心　「ワーキングホリディの対象年齢である来年中に、カナダに行く！」
お腹の心　「行かないと一生後悔するから、絶対行く！」と、後押ししたとき。
頭の心　「業界関係者があっと驚くような発明をする！」

お腹の心「絶対、やって見せる！」と、がぜん本気になって燃えたときなどです。

インパクトがある成長をする人というのは、「頭の心＝（イコール）お腹の心」の人。

つまり、自分の中のお腹の心が、自分の中の頭の心の味方についた人なんです。


夢は、「頭の心＝お腹の心」のとき、かなうんです。


逆に言うと、お腹の心が味方してくれない限り、夢はかないづらいものなんです。

本気で変わりたいなら、本気で夢を手に入れたいなら、他人を味方につけるより前に、まずは自分のお腹の心を味方につけることなんです。

そうなると、「どうしたら、自分のお腹の心を味方につけられるのか？」というのが、夢実現の鍵になってきます。

その方法は、第4章でご紹介しますが、どうやら「お腹の心」は、私たちの脳の働きと切り離せないようなのです。

ドリームマップで夢が実現するメカニズムとは？

ドリームマップをつくり、ドリームマップとともに歩んでみたら、私や、私の周りの人の中の何かが変わり、欲しい成果を得られることは体感できました。

同じように、ドリームマップをつくった人たちが口々に、こう言ってくれます。

「変化がありますよ！　気持ちの変化が大きいし、前よりも行動が起こせるようになりました」

しかし、「なぜ成果が出るのか？」「どうして、ドリームマップをつくると、お腹の心が味方につくのか？」というメカニズムについては、いまひとつ明確ではありませんでした。

そんなあるとき、人の脳の中のシナプスの働きについて、興味深い一節を見つけました。

感情や理性を生み出している脳の働きを、究極に分解して研究した脳科学の第一人者に、ジョゼフ・ルドゥー氏がいます。

『シナプスが人格をつくる　脳細胞から自己の総体へ』（ジョゼフ・ルドゥー著・みすず書房）では、脳と人格の関係が次のように書かれています。

脳にはニューロン（脳神経細胞）があって、ニューロンとニューロンをつなぐものがシナプスです。そして、大脳の活動の大部分はシナプス伝達であり、シナプス伝達が知覚・記憶・情動などを生み出しているのです。ゆえに「シナプスが人格（自己）をつくる」とルドゥー氏は説明しています。

私たちの脳には百四十億個の脳細胞があるといわれ、ある刺激を受けて、ほかの脳細胞へ情報を伝達することで活動していると考えられています。

脳細胞と脳細胞の間は完全にはつながっておらず、つなぎ部分であるシナプスにほんの少し透き間があるのだそうです。

この透き間では、神経伝達物質と呼ばれる物質が出されて、シナプス間のやりとりをしています。

やる気や心の安定を生み出すとして話題になっているドーパミンやセロトニンなどは、この神経伝達物質のことです。

脳細胞の働きを突きつめて調べていくと、「シナプスとシナプスの間で、どのように情報が伝達されるか？」に尽きることから、ルドゥー氏は「シナプスが人格（自己）をつくる」と表現したのです。

たとえば、「犬」を見ると、子どもの頃にかまれた記憶が呼び起こされる人は、「犬」が近くに寄ってきただけで恐怖を味わったりします。

逆に、子どもの頃に「犬」とじゃれあった楽しい思い出がある人は、「犬」が近くに寄ってくると、うれしい気持ちになります。

これは、その人のシナプスとシナプスの間で情報が伝達される「シナプス結合」のパターンだというのです。

そして、シナプス結合によって、その人がどういう人間であるか、ということが決まってくるというのです。

つまり、自分が自分であること（自己）は、シナプス結合次第でもあるというのです。

シナプス結合があなた自身を変える

ある会社に由美さんと早紀さんという二人の女性が、営業サポートとして働いています。二人の上司である営業部長は、感情の起伏が激しく、特に締め切り近くの月末になると、朝から機嫌が悪いこともしょっちゅうで、そんなときは辺りかまわず当たり散らします。
ある朝、例によって営業部長のだみ声が響き渡りました。

営業部長「おい、二人、ちょっと来て！」
由美さん、早紀さん「はい」
営業部長「あのね、あれだけ言っているのに、君たちはどうしてこうなんだ。このスケジュールでは営業部員が効率的に客先を回れないじゃないか。何度言ったらわかるんだ」
由美さん「申し訳ございません。おっしゃるとおりです。しかし、今回は○○という事情を考えて、こういうスケジュールにいたしました。変更したほうがよろしいですか？」
早紀さん「……」
営業部長「なるほど……、そういう考えもあるな。いいじゃないか、ありがとう」

二人は席に戻り、早紀さんは感心して由美さんに聞きました。

早紀さん「どう考えたって、部長が言っていることがおかしいのに、どうして『申し訳ございません。おっしゃるとおりです』って言えるの？」
由美さん「だって、そのほうが私たちの意見をちゃんと聞いてもらえるでしょ。『部長のおっしゃっていることは、おかしいじゃないですか！』って言ったらどうなると思う？　あんなに素直に私たちの意見を受け容れないでしょ」

早紀さんは、感心するとともに、自分と由美さんの出来事に対する瞬間的な反応の違いに気がつきました。
このケースで、二人の違いは、
由美さん「注意を受ける→まず、受け容れる」

早紀さん「注意を受ける→理不尽なものは跳ね返す」

というシナプス結合を持っているといえるのではないでしょうか。

早紀さん「私ひとりだったら、『おかしいじゃないですかっ』って真っ向から勝負して、営業部長の怒りを買っちゃってたなぁ。ありがとう」

由美さん「私も最初、同じことをしていたよ。でも、うまくいかないから考えてみたの。そうしたらいったん受け容れたほうがスムーズに行くことに気づいたの」

どうやら、由美さんの持っているシナプス結合も、由美さんにもともと備わっていたパターンではないようです。

試行錯誤の結果、つくられたシナプス結合だったのです。

自分で未来の自分をつくり上げよう

ジョゼフ・ルドゥー氏の前述の著書によると、シナプス結合は決まったルートで固定されてしまうのではなく、変幻自在にルート変更ができるようなのです。

そのことは、次のように要約されています。

「脳が生み出す人格の個性は、遺伝以上に外的あるいは内的経験がシナプスの可塑性《かそせい》に作用することで形作られる」

まずは言葉の確認をしましょう。

「外的経験」とは、体験・体感すること。

「内的経験」とは、考え・想像することです。

「可塑性」というのは、変形しやすい性質という意味です。

まとめると、

●日々の自分の感情や思考をつくっているのはシナプス結合である。

←

●そのシナプス結合は、遺伝というより、自分の感情や思考がつくり上げてきた（強化してきた）ものといえる。

←

●だから、日々の感情や思考を意識的に変えることによって、新しいシナプス結合ができあがる。

←

●つまり、自分で未来の自分の人格をつくり上げていくことができる。

と、教えてくれています。

ドリームマップのこの不思議な力をあなたに

先ほどの例の続きです。

早紀さんはその後、意識して、「部長の言葉をいったん受け容れよう」と努め始めました。

初めのうちは、相変わらず瞬間的に反応して、カッとしてしまうこともありましたが、意識し続けると、いったん受け容れるコツがつかめてきたのです。

ひと月もすると、自然にいったん受け容れ、その後で冷静に自分の意見を伝えることができるようになっていました。

早紀さんも、意識してシナプス結合を切り替えることに成功したのです。

もう一つ、思わぬ外からの刺激でシナプス結合を切り替えた例を紹介しましょう。

誠さんは、車の販売会社に勤めて丸二年がたちます。最近、営業成績は振るわず、なんとなく転職も考え始めていました。

そんなとき、あるお客様に出会ったのです。

特に努力した覚えはないのですが、そのお客様は誠さんのことをとても気に入ってくれて、「あんた気に入ったよ。あんたから買いたいよ」と言ってくれました。

誠さんはそう言ってもらえたことが本当にうれしくて、「自分は、できるのかもしれない。営業成績が悪いなんて、思い込みかもしれない。『自分から買いたい』って言ってくれる人が、ほかにもいるかもしれない」と思えてきたのです。

今までの「お客様＝自分を求めていない」というシナプス結合が、この経験から「お客様＝自分を待ってくれている」に変わったのです。

つまりシナプス結合は、意識し続けたり、外からの刺激によって容易に切り替えることができます。

意識して自分にポジティブな言葉を何度もつぶやき続けると、シナプス結合がそのように形成され、ポジティブな人格形成につながります。

周りの人が意識してポジティブな言葉を投げかけると、投げかけられた人のシナプス結合がそのように形成され、ポジティブな人格形成につながるのです。

ポジティブな言葉はポジティブな思考を生み、ポジティブな思考はポジティブな行動を起こします。

ドリームマップで夢がかなうメカニズムは、つくったドリームマップとともに過ごし、理想の自己イメージを毎日「お腹の心」に取り込むことによって、シナプス結合を無理なく徐々に変えていくからだと思います。

ドリームマップとともに過ごすことによって、徐々に自己の人格が変化していくのです。

第4章

夢が実現する“お腹の心”の鍛え方

成功を加速させるヒント

お腹の心は脳の働きと切り離せない

「夢を実現させる近道は、お腹の心を味方につけることが鍵であり、肝心要《かんじんかなめ》である」

そして、

「お腹の心を味方につけるためには、私たちの脳の中のシナプス結合の仕組みを活用することが有効である」

と、前章でお伝えしました。

それでは、具体的に何をしたら、夢実現のためのシナプス結合をつくりだすことができて、結果的にお腹の心が味方につくのでしょうか？

そのためには、まず〝なりたい自分〟のイメージ（理想の自己イメージ）をお腹に定着させることです。

そして、「シナプス結合を意識的に変えるために」「新しい自分をつくり上げるために」常に脳を刺激し、活性化している状態にしておくことです。

この章では、「お腹の心を味方につけるためのいくつかのヒント」をお伝えします。

お腹の心を味方につける❶

理想の自己イメージを毎日つぶやく

まず、お腹の心を味方につけるために、最初に〝なりたい自分〟のイメージ（理想的な自己イメージ）を書き出します。

私は、穏やかな性格です。
私は、幸せです。
私は、夢をかなえました。
私は、仲間に恵まれています。
私は、素敵なパートナーと出会いました。
私は、仕事が楽しいです。
私は、……。
私は、……。

そして、それを毎日つぶやくのです。たったそれだけです。

もちろん、そのときに、穏やかな性格のイメージ、幸せなイメージ、夢をかなえたイメージ、一つひとつを丁寧に思い描いていきます。

すると、だんだんとシナプス結合が理想のイメージどおりに形成されていきます。

シナプス結合の形成とともに、行動も合わせて変わっていきます。

イメージが行動を変え、行動が習慣を変え、習慣が人生を変えていくのです。

「夢が実現したイメージを膨らませ、意識的にシナプス結合をつくることで、能力を発揮して夢を実現する」

私たちの脳にある、このメカニズムを活用するのです。

人って複雑なようで、結構単純な生き物なのかもしれませんね。

さっそく、理想の自己イメージを書き出してみてください。

そして、ドリームマップの絵や写真の間の透き間に、その言葉を書き足してみてください。

そのドリームマップを毎日眺めると、理想の自己イメージの言葉が、あなたの夢の実現を後押ししてくれるはずです。

お腹の心を味方につける❷ ポジティブに変われる五感活用術

夢をかなえるためには、自分がつい瞬間的に反応してしまうネガティブでマイナスの考え方や物事の捉え方を、ポジティブに変えたいものです。

小さなことでも思いどおりにならないと、ついイライラしてしまう、だから「穏やかな自分になりたい」という人がいるとします。

穏やかな自分になるために、まず、「私は、穏やかな性格です」と、穏やかな自分のイメージを膨らませます。

そして、穏やかなイメージに色をつけます。たとえば、優しいオレンジ色です。形や材質もイメージします。卵型で外部の力も吸収するような柔らかな材質です。落としてもぽよ～んと弾んで壊れません。食べてみたら、ほんのり甘くて懐かしいような味がします。音や味もつけるのです。

「私は、穏やかな性格です」というつぶやきは、オレンジ色、卵型、柔らかな素材、ほんのり甘い味、これらの情報とともに脳に保存されます。

オレンジ色（視覚）・ぽよ～ん（聴覚）・甘い（味覚）・柔らか（触覚）など、五感を使った情報量が多いほど、強くお腹の心に印象づけられるのです。

「いま、私、イライラしている」と感じたときに、このオレンジの卵のことを思い出します。すると不思議、穏やか～な気分になってくるのです。

しばらく、イライラするたびにオレンジの卵のことを意識的に思い出します。それを繰り返していると、イライラを感じると同時に、オレンジの卵が浮かんでくるようにシナプスが結合されます。

そしてやがて、イライラを感じることなく、オレンジの卵が浮かんでくるようになるのです。

そうなったら、あなたはもう「ついイライラする」という反応をしなくなります。

そして、頭の心で考えていた「穏やかな自分になる」という〝なりたい自分〟に、お腹の心も一緒になって味方し、いつか〝なりたい自分〟になれているのです。

お腹の心を味方につける❸ 興味を持って、アンテナを張ろう

この本から目を離して、自分の周りをぐるりと見回してみてください。見回すまでは続きを読まないでくださいね。

いかがでしたか?

では今度は、同じようにぐるりと見回すのですが、見回しながら何か「赤いもの」を探してみてください。はい、どうぞ。

いかがでしょう。最初のぐるりと違って、赤いもの、赤い色が目に飛び込んできませんでしたか?

普段、私たちの周りには常時、数にすると三万個くらいの情報があって、三万個のうち脳が情報を取り入れるのは、なんと一個! という説があるのです。

三万分の一!

私もこれを聞いたときはとても驚きました。

先ほどのぐるりと見回したときも、たくさんの物が私たちの身の周りにありました。一つの物だけをとってみても、その色・形状・材質・用途・意味など、多くのさまざまな情報があり、さらに、誰かほかの人はいるか、何か音はするか、何か匂いはするか、そして、そのそれぞれに多数の情報があって……。

真偽のほどは定かではありませんが、確かに三万個くらいの情報があるような気がします。

私たちは何か一つのことに集中しているとき、身の周りの情報はほとんど無視しているようなのです。

たとえば、本を集中して読んでいて、ふと外を見ると雨が降っていて驚くなんてことがありませんか？　雨音は確かにしていたはずなのに、聞こえてこない。

たくさんの情報の中から、自分にとって大切な情報を厳選して受信することを「カクテルパーティー効果」といいます。

ざわついたパーティーの中でも、会話している相手の声はちゃんと聞こえます。少し遠いヒソヒソ声も、聞こうと意識を向けると聞くことができるということです。

ざわついている音はすべて同じように聴覚に届いているわけですが、それなのに目的の音だけを選び出せるってスゴイことだと思いませんか。

逆に言えば、意識を向けないでいる多くの物事は、受信できずに見過ごしているのです。

私たちの身の回りには、たくさんのヒントやチャンスが転がっています。それを見過ごさずにキャッチする方法は、興味を持つ（アンテナを張る）ことです。

「三年後、なりたい自分になる」ためには、「三年後の自分に興味を持つこと」です。

そうすれば、飛び込んでくる情報が必ず変わってくるはずです。

「周りにあるヒントを生かし、チャンスをつかむ」ことで夢は実現します。

チャンスの神様には前髪しかないと言います。気づかずに通り過ぎてしまわぬように、しっかりアンテナを張ってチャンスの神様の前髪をつかみましょう！

お腹の心を味方につける❹ こんな相手をあえて選んで話す

お腹の心を味方につけるためには、緊張感を持てる相手と話すことです。

気が置けない相手との会話はリラックスできて楽しいものですが、緊張感のない分、お腹の心を味方につけるという面からは少し物足りません。

あなたにとって、緊張感の持てる相手って、どなたですか？

私の場合は「メンター」と「コーチ」です。

メンターの前に行くだけでも緊張するのですが、話をしようとすると緊張感はさらに高まります。緊張しつつ、メンターに恥ずかしくない話をしようと努力することで、少しずつ自分が変わってきている、高まってきているように思います。

コーチによるコーチングセッションのときも緊張します。コーチからの
「それはあなたが本当にやりたいことなの？」

「それが得られたことは、どうやって確認ができるの？」

などの質問に、ドキッとし、答えを探す中で、自分の思いが明確になっていきます。

お腹の心を味方につける❺ 繰り返したい〝小さな決断〟

子どもの頃の私は、決めることの苦手な子、決めるのに時間のかかる子でした。毎朝何を着て小学校へ行こうかと悩み、給食をどれから食べようか迷い、よく言えばマイペース、とにかく何をやらせてもゆっくりした子でした。

今でも「おっとりしていますね」「のんびりした雰囲気ですね」と言われることが多いのですが、社長業は決断の毎日です。

いざというときに、最善の決断を下せるかどうか。その力があるかどうかは、毎日の積み重ねが影響しているようです。

最善の決断を下すためには、普段から小さな決断を繰り返すトレーニングをすることが大切です。

ちなみに、私が小さな決断を意識し始めたのは、就職して営業の仕事を始めた頃です。学生から社会人になって自由な時間が少なくなったこともありますが、職場であこがれの先輩が、何でもテキパキと決めて行動していく姿に「私もあんなふうになりたいな」と思いました。

そこで、レストランに入って料理を注文するとき、メニューブックを開いてすぐに決めるようにしました。

朝も着て行く服はすぐに決める。買い物も時間をかけずに何を買うかを決める。

初めの頃は大変でしたが、慣れてくると何でもパパッと決めることができるようになってきます。

不思議なもので、迷って決めたこと（物）のほうが、後悔するんです。

反対にパパっと決めたことには後からの迷いがないという気がします。

夢に向かう途中には、いろんな選択や決めなければいけないことが出てきます。

毎日の小さな決断を繰り返す。

この練習が、いつか人生の大きな決断を支えてくれます。

お腹の心を味方につける❻

「善意の解釈日記」のすすめ

ひらめいたらメモを取ったり、今日感じたことを日記につけたりするなど、記録につけることは、思いを明らかにし、行動を確かなものにするのに有効です。

そして、メモや日記を書くついでに、考え方をバランスのよいものに変えてしまうのです。

具体的には、今日の出来事のほかに、そのときどう思ったか、違う見方はできないか、たとえうれしくない出来事があっても、ポジティブに捉え方を変えて、「善意の解釈」として一緒に記入するのです。

【日時】八月四日（晴れ）

【出来事】上司から仕事の進捗《しんちょく》状況について聞かれ、さらにリクエストをもらった。

【感じたこと】トラブル続きで、ただでさえ遅れているのに、さらなるリクエストをするなんて、上司は鬼だ！

【善意の解釈】上司として進捗状況を把握するのは当然のことだ。遅れていることを率直に相談して、応援を頼もう。きっと、そのために声をかけてくれたんだ。さらなるリクエストは私への期待なんだから、喜ぼう！

こんなふうに自分が思ったことを振り返ってみると、「あのときはそう思ったけれど、意外に違う見方もできるんだ」と気づくことがあります。

また、ポジティブに捉え直すことによって、新たな可能性に気づき、「表現はぶっきらぼうだけど、心の優しい人なんだ」と、相手を見直すことにつながったりもします。

夢に向かって進んで行く中で、「ポジティブに物事や人との関係を捉えることができる」ということはとても大切です。

なぜなら、結果を出すための次なる行動のエネルギー（活力源）になるからです。

お腹の心を味方につける❼

歩く、指先を使う、味わう

有名なペンフィールドの図があります。脳のどこが体と密接に結びついているかを研究し、体の各部位と結びついている脳の大きさを、そのまま体の大きさに置き換えるとどうなるかを表したのが、左のイラストのようなペンフィールドの図です。

手と足と舌が異様に大きいのが特徴的です。

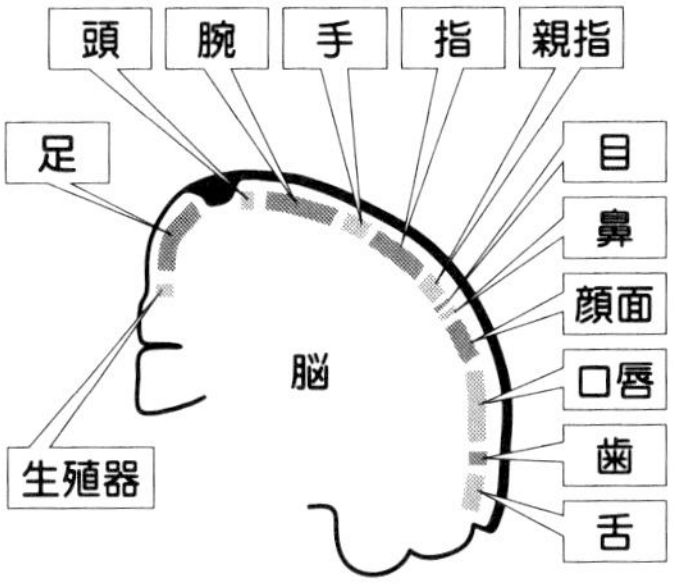

夢を実現するためには、行動するための活力源として、体の中から自然にわいてくる膨大なエネルギーが必要です。

脳に刺激を与えることによって脳を活性化することは、脳の働きをよくして、体の中からエネルギーを生み出します。

ですから、脳を効果的に刺激するには、手と足と舌を刺激するのがよいのです。

つまり、次の三つの行動が脳を刺激することになります。

・よく歩く。
・指先を使ったことをする。
・おいしいものを楽しく食べる。

たとえば、料理をつくることは、バランスよく脳に刺激を与えることになります。歩いて買い物に行き、工夫しながら料理をし、楽しく食べる。そうすれば、まとめて手と足と舌を刺激することができるからです。

夢を実現するためのエネルギーを、手と足と舌を刺激して生み出しましょう。

お腹の心を味方につける❽

香りの効果あれこれ

同じように、嗅覚《きゅうかく》も、脳に強い刺激を与え、エネルギーを高めます。

香りは、リラックス効果のみならず、集中力アップに役立ったり、消臭効果があったり、香りの力も興味深いところです。

私もアロマが大好きです。特に好きなアロマオイルに、ユーカリがあります。

ユーカリには、意識をはっきりさせて、集中力を高める効果があります。疲れているのに少し無理をしなければならないときなど、特に有効です。

また、高ぶった感情を抑えて冷静にしてくれる働きがあるので、何か嫌なことがあったとき、気持ちを鎮めて冷静さを取り戻す助けになってくれます。

何か考えをまとめたいときに、アロマオイルの香りの中、ひとりで想いにふけったりします。

動くことも大切ですが、じっと考える時間も必要です。そんなとき香りはとても効果的なのです。

平安時代の貴族たちは、香りでお香の銘柄をあてる遊びや、香をたいて優劣を競う「薫《たき》物合《ものあわせ》」という遊びをしていたそうです。

その遊びは、「香りを当てる」ことが第一目的ではなく、香りそのものを味わい楽しむこと、そして香りによって浮かぶイメージのなかで感性を磨き、自分を高めることを目的としていたというのです。

私たちの祖先はこんなに昔から、香りで感性が磨かれ、それが自分自身の高まりにつながることを知っていたのですね。

イメージ力を高める効果もある「香り」を上手に活用すると、前向きで、精力的にチャレンジする自己イメージがつくられます。

〝なりたい自分〟をイメージするためにも、香りを通して脳を刺激しましょう。

お腹の心を味方につける❾ 目と目を合わせよう

他者とうれしい、楽しいコミュニケーションをとることは、人間ならではの特徴です。

お腹の心は、「うれしい、楽しいコミュニケーション」が大好きです。楽しくコミュニケーションすることは、脳へのご褒美にもなります。

疲れて帰ってきて、家族の顔を見ると心が安らぐ。友だちや恋人と電話で話すだけでもホッとする。こういった経験は誰にもあるのではないでしょうか。

昔の刑罰で、独房に入れて、誰とも話をさせない。看守の姿も見せないというものがあったそうです。

誰ともコミュニケーションがとれないことは、刑罰に値することなんですね。

「うれしい、楽しいコミュニケーション」をするためには、まず「目と目を合わせること」です。

目と目が合ったときに、脳内の快感物質ともいわれるドーパミン（神経伝達物質）が活性化されるのだそうです。活性化されると、脳はうれしい、楽しいと感じるのです。

ドーパミンは、やる気の源です。

「目と目が合うこと、すなわちアイコンタクトが、脳の活動に影響を与える最も重要な要素であることがわかった」

と、『脳の中の人生』（茂木健一郎著・中央公論新社）でも紹介されています。

大切な人と楽しく会話すると、疲れが吹き飛ぶのもドーパミンのおかげのようです。

楽しみながら夢を実現させるためにも、どんどん目と目を合わせましょう。

第5章

三年後、あなたも〝なりたい自分〟になれる

つくった後に日々心がけたいこと

さあ、ドリームマップの魅力を体験しよう

いよいよ最終章となりました。

ここまでのところを簡単に振り返ってみたいと思います。

第1章では「〝なりたい自分〟になるドリームマップとは何か？」

第2章では「〝なりたい自分〟の見つけかた」

第3章では、「夢実現の鍵となる〝お腹の心〟とは何か？」

第4章では「〝お腹の心〟を味方につけるヒント」

をお伝えしました。

ドリームマップの魅力が十分に伝わったでしょうか？

巻末にドリームマップのつくり方を紹介していますから、さっそくつくってみてください。

多くの人が夢を描いて、夢をかなえたドリームマップの魅力を、あなたにも体験してほしいのです。

そんなドリームマップの価値をあらためて整理してみると、次のようになります。

❶ 夢や目標が見つかる！

「三年後の夢は何？」と突然聞かれても、ハッキリと具体的に語れる人は少ないものです。また、「今、考えて！」と言われても、容易にイメージはできないものです。

しかし、「自分の好きなことや物」「興味や関心があることや物」を写真や雑誌の切り抜きなどを使って製作しているうちに、徐々に夢や目標が形になって見えてくるのです。

❷ 夢をビジュアル化することによってワクワクしながら行動できる！

数字や言葉による目標設定は、見た目には意気揚々と目標を宣誓していたとしても、内心は重荷になっていたり、ノルマと感じていたりするものです。

ドリームマップには、夢が本来もっているワクワク感や楽しさ、喜びなどを具体的に表現するので、「夢が実現することはうれしいこと」として、脳に取り込むことができます。

すると、脳はもう既に夢を実現した気分になり、ワクワクしながら夢に向かって走り始めるのです。

❸ いつでも、夢と一緒に過ごせる！

たとえば海外旅行に行ったとき「英語を話せたらいいのに！」と痛感しても、帰国してしばらくするとその思いを忘れてしまいます。

人はなかなか、初心や夢実現の想いなどを継続して持ち続けられないものなのです。

ドリームマップはいつも目に触れるところに夢を貼ったり、持ち歩いたりすることによって、思いを忘れないで継続することができるのです。

❹ 夢を進化させられる！

ドリームマップは一度つくったら終わりではありません。

私たちも社会も常に進化し続けています。気持ちの変化、社会の変化に合わせて、夢も進化します。

ドリームマップをバージョンアップしたり、つくり替えたりすることによって、常に最新の夢と一緒に過ごせるのです。

❺ 何よりも、シンプルで楽しい！

ドリームマップをつくるのに、難しい専門知識やスキルは必要ありません。大掛かりな道具や高価な教材も必要ないのです。

台紙の上に〝なりたい自分〟をビジュアル化して表現する。

たったこれだけで、気分が変わり、心が変わり、脳が変わる。

そして、〝なりたい自分〟になれるのです。


この章では、ドリームマップをつくった後、毎日する行動や、日々心がける心構えについてのヒントをまとめました。

一つひとつは当たり前のことかもしれません。でも、それは同時に、わかっていてもできないことでもあります。

誰にでもできることをシンプルに素直にやってみる。

そうすれば夢は実現する。

それがドリームマップの醍醐味です。

自分の細胞、存在そのものを愛してあげよう

自分のことを、誰よりも自分が一番好きでありたいものです。

だって、自分のいいところも、自分のいけないところも全部わかっているのが自分なんだから、まずは、自分で自分を認めてあげるのです。

ある日、ヨガ教室に行ったときのことです。先生がこう言いました。

「まず、自分の全身を撫《な》でてあげましょう。つま先から順番に、〝いつもありがとう〟という気持ちを込めて、ゆっくりゆっくり撫でていきましょう。特に太ももの後ろや背中とか、日頃関心を持たないところを重点的に撫でていきましょう」

ヨガ教室の生徒さんたちは、自分の体を「ありがとう。ありがとう」とぶつぶつ言いながら撫でるのです。

私もやってみましたが、いつも気にしていなかった太ももの裏とか、背中とか、無性に愛《いと》おしくなってくるのです。

あなたは自分で自分の存在を無条件に好きだと言えるでしょうか？

「〝目標を達成したから〟おつかれさん」とか、「〝難しい仕事をやり遂げたから〟よくやった」というような、「他者と比べて優れているから」とか、「成績がいいから」という条件つきで自分を好きだったり嫌いだったりするのではないでしょうか。

そうではなくて、自分で自分を好きになるって、こうやって自分の存在そのもの、つまり、細胞の存在そのものを好きになるということなんだと気がつきました。

仕事で成績が上げられる自分はＯＫで、成績が思わしくない自分はＮＧという評価軸ですべてを判断してしまったら、「誰とでも笑顔で接することができる」とか、「キレイ好きで、事務所の見えないところをいつも片づけている」とか、そういう成績以外のいろいろな良いところを、自分の評価に織り込めません。

だから、「営業成績はそれほどよくはないけれど、いつも笑顔でキレイ好きな自分」とか、「営業成績はそこそこよいけれど、人前で話すのは勘弁してください、っていう自分」とか、「単調な仕事は苦手だけど、合コンの幹事は任せて！ っていう自分」とか、とにかくよいところもよくないところもひっくるめて、自分の存在を愛することです。

自分への愛情が満たされると、私たちは他人にも優しくなれます。

自分で自分のことが好きになると、〝なりたい自分〟に近づけるのです。

実現した夢があなたを本当に幸せにするヒント

あなたの夢がかなったとき、あなたはすべての欲しいものを手に入れて、それと引き換えにすべての信用と、すべての友人を失ったとしたら、どうでしょう。

その夢は、あなたを不幸にしたことになります。

そんな夢なら、かなわないほうがいいでしょう。

夢は、かなえばかなうほど、周りの人から感謝され、友人が増える夢である必要があります。

そんな夢をかなえるためには、周りの人からいただく、感謝の気持ちを確かめながら進むことです。

「よくしてくれて、ありがとう」

「便利になったわ、ありがとう」

「あなたのおかげよ。出会えてよかったわ」

いただける感謝の気持ちを、感謝の心で受け止めるのです。

そして、自分で自分を肯定する短い文章をつくりましょう。
たとえば、こんなふうに。

「私は、私のことが大好きです。
なぜなら、私は性格が真っすぐで、素直で明るいからです。
みんなは、私のことを『一緒にいると楽しいし、任せて安心』と、褒めてくれます」

この文面に合わせて、あなたオリジナルの文章をつくってください。

「私は、私のことが大好きです。
なぜなら、＿＿＿＿＿＿＿＿なところがあるからです。
＿＿＿＿＿＿は、私のことを『＿＿＿＿＿＿＿＿』と、褒めてくれます」

そして、このオリジナルの文章を、朝・昼・晩、心を込めて唱えます。
自分で自分のことが大好きになると、〝なりたい自分〟にもっと近づけるのです。

周りの人の夢を応援してほしいわけ

かなえたい夢に向かっているとき、オリンピック選手や、アーティストや、政治家から経営者に至るまで、みんなみんな異口同音に「応援してください」って言うのはどうしてなんでしょう。

それは、他者や社会からの応援があって、初めてかなうのが〝夢〟だからです。

あなたがもしも、「なかなか応援が得られない」と感じるのであれば、次の問いの答えを考えてみてください。

あなたが〝共感〟する夢は、どんな夢ですか?

あなたが〝賛同〟する夢は、どんな夢ですか?

あなたが〝応援〟する夢は、どんな夢ですか?

私が共感する夢は、「環境に優しい夢」「安全に配慮した夢」「子どもや老人を思いやる夢」「若者がチャレンジできる夢」「ベテランが実力を発揮できる夢」「女性が輝く夢」などです。

私が賛同する夢は、「人と人とのネットワーク、つながりを大切にする夢」「先人の智慧《ちえ》を継承する夢」「一人ひとりの個性を大切にする夢」などです。

私が実際に応援している夢は、

「ファシリテーターやコーチとして自立・独立することを目指し、エ・ム・ズの支援プログラム『集まれ！ファシリテーター』に参加してくれる人たちの夢」だったり、

「二十代の起業家を育てるＮＰＯ活動」だったり、

「知的発達障害のある人たちに、さまざまなスポーツトレーニングと、その成果の発表の場である競技会を提供する国際的なスポーツ組織、スペシャルオリンピックス」だったりします。

自分が、共感・賛同・応援したくなる夢を分析してみると、応援を得られる夢って何かが見えてくるはずです。

そして、自分が積極的に応援したくなる夢を自ら率先して応援していると、自然に思いが一緒になっていきます。

そして、気づくと自分への応援者も増えているでしょう。

気分が萎えたら、初心を思い出す

あなたが夢に向かおうとすると、必ず、あなたを心配する人が現れます。

「そんなこと、やっても無理だと思うよ」「無駄だから、やめときなさいって」「そんなの、難しくない?」「できないって、あなたには無理だって。やめときなよ、後悔するから」

こういう言葉を掛けてくれる人は、決してあなたの足を引っ張っているわけでも、悪意があるわけでもありません。

逆に、あなたのことを思えば思うほど、失敗してあなたが傷つくことを心配し、あなたのことを思って、こういう言葉を掛けてくれているのです。

でも声を掛けられた本人は、思わずひるんでしまいますよね。

私にもこんなことがありました。

ウィンドウズ95が日本にやってきてパソコンブームになったとき、私がパソコンのインストラクターにあこがれて勉強を始めたのを知った周りの人が、いろいろなアドバイスをくれたのです。

「今はインストラクターの仕事があるかもしれないけど、そのうち仕事なくなるんじゃない？　インストラクターじゃなくて、プログラムとか勉強したら？」

「秋田さん、二十六歳までキーボードも触ったことないんでしょ？　それで先生になれるの？　アシスタント止まりじゃないの？　秋田さんにはセールスが向いているよ」

などなどです。そのたびに気分が萎え、「やっぱり私には無理かな〜」「あきらめるべきかな？」と、気持ちがグラグラ揺れました。

でも私は、インストラクターになりたかったのです。多くの人の前で、上手にわかりやすく説明をして、表計算ソフトのすごさやワープロソフトの機能をひとりでも多くの人に伝えて、喜んでもらいたかったのです。

だから、続けられました。いつも、「私は何がしたくてインストラクターになりたいんだっけ？」と、自問自答していました。そうして、初心を思い出していたのです。

そのときは心にドリームマップがありました。今は目の前にドリームマップがあります。

あなたも気分が萎えたら、「どうして、この夢を描いたんだっけ？」と、自分に聞いてみてください。

すると、描いたときの気持ちを思い出し、周りの声が気にならなくなります。

気分が萎えたら、初心に戻る。これは鉄則です。

夢を言葉に出し続けよう

私は、中学三年生のときの同級生に「夢がかなう」ということを教えてもらいました。言葉で教えてもらったのではなく、彼女の生き方そのものから、夢がかなうことを教えてもらったのです。

彼女はあるアイドル歌手の大ファンでした。

中学三年生といえば受験だというのに、来る日も来る日もそのアイドル歌手のブロマイドや雑誌の切り抜きを眺めて「マネージャーになりたい！」と言っていました。

卒業後、彼女が東京に行ったことを風の噂《うわさ》で知りました。

「どうしているかなあ」と、気にしたのもつかの間で、私は新しい環境に慣れるのに一生懸命でした。

やっと高校生活にも慣れた日曜日の昼下がり、私は居間で寝転がってテレビを観ていました。

すると番組に、彼女の好きだったアイドル歌手が出ていたのです。

反射的に、「そういえば、あの子、どうしているかな？」と、彼女のことを思い出しました。

次の瞬間、何と、そのアイドル歌手の隣に彼女が座っているではありませんか！

その番組のタイトルは、「アイドルとそのマネージャー」でした。

彼女が中学卒業後、どうやってその仕事に就いたのかは知りません。

でも、きっと、「大好きなアイドル歌手に近づきたい！」という強い思いを、中学校時代と同じようにブロマイドを眺めながら念じ続けたんだと思います。

その結果、彼女の「お腹の心」が「必ずできるよ」って応援し、その夢を実現するためのルート検索が行われて、マネージャーになるための行動を取った結果、本当に夢をかなえてしまったんだと思います。

「マネージャーになりたい！」という彼女の純真な言葉と真っすぐな心は、いまだに私の脳裏に強烈に焼きついています。

私の脳裏にさえ焼きついたのですから、それを自分で言い続けた彼女の脳裏には、潜在意識の奥底にまで刻み込まれていたに違いありません。

「言い続ける」って本当に大切なことです。

イメージ力を高めるいくつかのコツ

イメージできるものは実現できる。イメージできないものは実現できない。

ということは、夢が実現できるかできないかは、具体的にイメージできるかできないかにかかっているとも言えます。

たとえば、自動車、鉄道、飛行機、ロケット、洗濯機、テレビ、パソコンにインターネット……。私たちの身の周りにあるすべてのモノは、必ず誰かが最初にイメージして、「これをつくろう」「実現しよう」と思ったモノばかりなのです。

たとえ、周りの人たちから「空を飛ぶなんて、あり得ない」「月に行くなんて、ムリに決まっている」「遠く離れた人とテレビ画面で話なんてできるワケない」と言われても、発明し、開発した人は、真剣にイメージし、かたくなにできると信じていたのです。

オリンピックの表彰台で金メダルを授与されるアスリートも、チョモランマの山頂、いいえ富士山の頂上に立つ人だって、必ず「金メダルをとろう」「山頂に登ろう」とイメージすることから始まっているはずなんです。

逆に言えば、金メダルなど目指してもいない人が、ある日気づいたら偶然オリンピックの表彰台に立っていたり、登山なんかまったく興味もない人が、気がついたらチョモランマの山頂にいることなんて、絶対にあり得ないのです。

すべては、まずイメージして、思うことから始まるんです。

そして、既に目標が達成できた、夢がかなった状態を明確にイメージして、すべてがそこに収斂《しゅうれん》していくように段取りを踏んでいくのです。

アスリートなら表彰台を、登山者なら山頂をイメージして、すべての動作がそのイメージに向かって進んでいくように、仕事も夢も目標達成をイメージして、今日やるべきことを、やるべきように進めていくのです。

だから、夢を実現するためには、イメージ力を高めることがとても大切なのです。

イメージ力を高めるには、映画を観る、本を読む、初対面の人と話す、絵を描く、物語を書いてみる、手紙を書く、写真集を手にとって見る、旅行に行く、歴史を学ぶ、科学や物理に触れてみる、などなど……。いろいろな方法があります。

どんな方法でもかまいません。自分に適した方法を見つけだして、楽しみながらイメージ力を高めることです。

瞬時に自分を元気にする方法

瞬時に自分を元気にする方法を知っていますか?

「私は海に行くと元気になる」とか、「おいしいものを食べれば嫌なことは忘れられる」とかではなく、〝瞬時に元気〟になれる方法です。

ある人は、「家に帰ると愛犬が待っていて、玄関の扉を開けると飛びついてくるんです。その瞬間、すべての嫌なことを忘れられます」と教えてくれました。

ある人は、「子どもが二歳になるんです。本当にかわいくて、かわいくて。全身にキスしちゃいます」と目を細めておっしゃいました。

瞬時に元気になるには、これらのイメージをいつでも呼び起こせるように、体に覚えさせておくのです。

具体的には、「愛犬が飛びついてきて抱きかかえたときの重さや毛の感触」や「子どもを抱きしめたときの暖かさや匂い」を思い出しながら、あるポーズを取ります。

あるポーズとは、たとえば手をギュッと握り締めたりするのです。

すると、実際に愛犬が飛びついてこなくても、子どもを抱きしめなくても、手をギュッと握り締めただけで体からパワーがみなぎる状態をつくりだせるようになれます。

この体からパワーがみなぎる状態、瞬時に元気になる状態を自在につくれるようになると、気分の切り替えがうまくいくようになります。

職場でもどこでも、何かうまくいかないことがあったときに、ふっと一息ついて、自分が元気になることをイメージするのです。

夢に向かう道中は、まるで障害物競走をしているように、次から次へと障害にぶつかるものです。障害にぶつかるたびに立ち止まっていては、次に進むことができません。

「まいったな」「困ったなぁ」「嫌だなぁ」など、負の感情がわいてきたら、瞬時に元気になるポーズを取り、気分を入れ替えるのです。

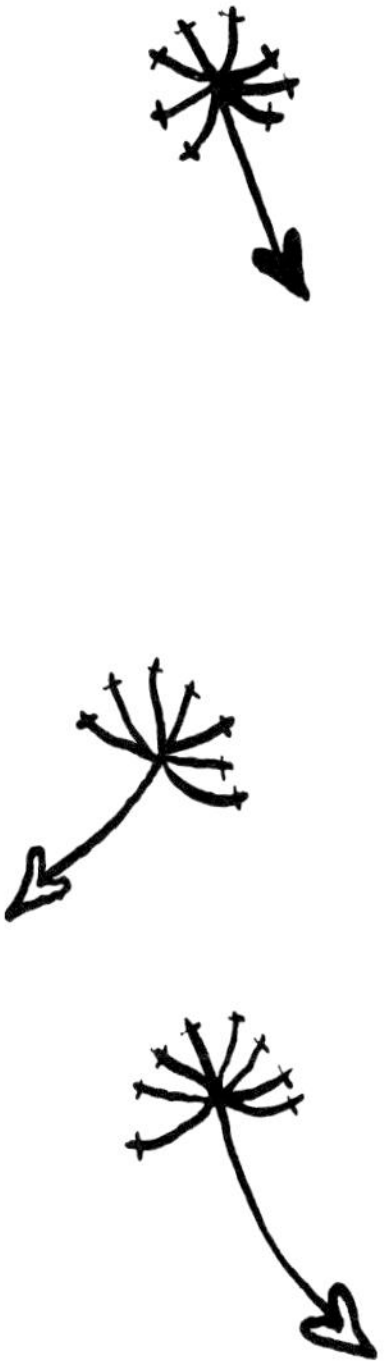

「まるで子どものように甘えられる場」を持ちたい

ある日、三人の女性と話をしていて、仕事も生活を取り巻く環境も違う三人の共通点に驚いたことがあります。

それは、研修の休憩時間に交わされたたわいのない会話でした。

彼女たちは、二十代後半から三十代前半の女性たちです。

三人とも、口をそろえて、こう言うのです。

「彼は欲しいんだけど、気づいたら一年以上ひとりです。特に不自由は感じていないから、大丈夫。結婚もしないかもしれません」

確かに、女性だけでなく、男性でも、そういう人が増えているようです。

でも、本当に大丈夫なのでしょうか。

新しいことへの挑戦を始めると、今まで自分を取り巻いていた世間との間で摩擦が生じます。

思ってもみない人とぶつかったりすることも多いのです。

そんなとき、余分な強がりは不要です。

安心できる、安全な場に逃げ込む必要があります。

そのために、「まるで子どものように甘えることができる場」「わがままな自分になれる場」「思いっきり泣ける場」をつくっておく必要があります。

現在、安心、安全の場を持っていないのならば、「私は安心、安全の場を持っています！」と、忘れずにドリームマップに描いてください。

「今は順調だから、必要性を感じない。だから必要ない」と考えるのではなく、非常時のために、あなたの存在そのものを、いいところも悪いところも、すべてそのまま受け止めてくれる人がいる場を確保しておくのです。

彼氏でも彼女でも、家族でも、気の置けない友だちでもいいのです。

そんな人がいる安心、安全の場を確保しておきましょう。

「考える時間」がないというあなたへ

夢をかなえるには、「夢に向かう行動を考える時間を、意識して持つ」ことが大切です。たとえば、家に帰るとすぐテレビをつけるクセがあるのであれば、それをやめてみるだけでもずいぶん違ってきます。静寂な時間は感性を磨きます。

ついつい残業してしまったり、休日に仕事を持ち帰ってしまうのなら、思い切って残業も仕事の持ち帰りもやめてみます。そして、限られた時間で、同じだけの仕事をこなすことに挑戦してみるのです。時間が限られていればいるほど、仕事ははかどり、同時にクオリティも上がることに気づくでしょう。

休みの日にごろごろしてしまうのであれば、朝早い予定を入れてみましょう。一日の長さに気づき、休みが何倍にも増えたようなお得感を感じるでしょう。

今の生活習慣が今の自分をつくっています。まずは、今の生活を変化させましょう。

ひらめきを呼び起こす「おまじない」

ドリームマップをつくって、ドリームマップとともに過ごすと、直感が冴《さ》えてきて、よくひらめくようになります。そうしたら、自分のひらめきを信じてそれに従いましょう。

ひらめきを呼び起こす「おまじない」があります。

次の言葉を、ドリームマップを見ながらつぶやくのです。

「これならできる」ことって何だろう?
「私にもできる」ことって何だろう?
「今日からできる」ことって何だろう?
「お金を掛けなくてもできる」ことって何だろう?

ひらめく一つひとつの行動は、小さなことや当り前のことかもしれません。でもコツコツとやり続けると、ある日気づくのです。そう、夢が実現していたことに!

ミッションに基づいた夢がかないやすい

「夢がかないやすいドリームマップって、どういうドリームマップですか?」という質問をよく受けます。

そして必ずと言っていいほど、「質問の意味がわかりにくいですよね……」と、質問したご本人が、質問の直後につけ加えられます。

でも、私には質問の意味がすごくよくわかります。

なぜなら、私自身が一番、ず～っと長い間、ドリームマップを考案した当初から、疑問に思っていたことだからです。

どういう夢を描くと、かないやすいんだろう?

壮大な夢? 地に足の着いた夢? それとも、突拍子のない夢?

いろいろ検証しましたが、どれもしっくりきませんでした。そしてたどりついた答えが、

「ミッション（使命）に基づいた夢がかないやすい」という一つの事実でした。

ミッション（使命）とは、「命を使っても惜しくないこと」という意味です。


あなたにとって、命を使っても惜しくないことって何ですか？


ある人は、「家族につくすこと」と答えました。

ある人は、「家族につくすなんて真っ平ごめん。私は、日本の文化を海外に伝えること。そのために家族が多少の犠牲になるのは致し方ないこと」と答えました。

どちらもミッション。良い悪いじゃなくて、他人と違うのがミッションなんです。

私のドリームマップを見て、「秋田さんのようにはなれない」とか、「秋田さんのようにはなりたくない」とか、そういう問題ではなくて、「秋田のドリームマップ、私のドリームマップ」なんです。

ドリームマップは、評価の対象でも、競争の対象でもないのです。

私がしたいことは、〝多くの女性（特に三十～四十代）が自分らしく輝くためのキッカケをつくること〟です。

それを実現する学びの場、挑戦の場、活躍の場をつくることが私のドリームです。そのためだったら寝食を忘れて我が身を投じられる……。だから、夢がかなうんです。

三年後、五年後、十年後のもっと先に、自分の人生の終焉《しゅうえん》があります。その道を一本貫く軸のようなもの、それがミッションです。

「ミッションには抗えない、人の力が及ばない壮大な宇宙の力があるんだろうなぁ〜」と、私は思っています。

だから、最初の質問「夢がかないやすいドリームマップって、どういうドリームマップですか?」には、こう答えます。

「自分のミッションに気づいた人が、ミッションを全うするために描いたドリームマップです」と。

エピローグ

あなたが、あなたであることが、一番尊い

仕事は目標達成の連続

私は、人材開発の研修講師という仕事を通して、これまで多くのビジネスパーソンに接してきました。

その中で、周りの人から「ちゃんとした人」「まじめに一生懸命やっている人」と評価される人の多くが、実は心の中で自分のことを責めているという現実に直面してきました。

仕事って、目標達成の連続ですよね。すべての課題に対して目標があり、その目標を達成すると、次の目標がやってくる。

そんな終わりがない目標続きの中にいると「まじめな人ほど、会社とか環境とかじゃなく、自分自身を責めてしまう」そんな人が増えているように思うのです。

真美さん（仮名）は二十九歳です。外資系の会社に勤め、マーケティングマネージャーの仕事をしていました。学校を卒業してからずっと東京で働いてきました。

肩が隠れるくらい長くしている黒髪が美しくて、百人が百人とも〝キレイな人〟と言うに違いないほど美しい女性です。

そんな彼女が、最近会社に辞表を提出しました。

理由は、「なんだか疲れちゃった」からです。

とは言っても、見た目は元気イッパイです。

「これをきっかけに、自分のやりたいことを仕事にしたいと思っています。もしも、起業するなら早いほうがいいんじゃないかと思って。でも、そろそろ会社を辞めて二か月になるので、決めなくちゃいけないんですけどね」

と、明るく笑いながら話してくれました。

そんな真美さんに私は、「そうやって一生懸命な真美さんって、なんだかとってもスゴイね。前向きにチャレンジするその活力は、真美さんのどこから出てくるんだろうね」と、心からの尊敬を込めて言いました。

すると、「そんな……」と顔の前で手を振って私の言葉を打ち消しながら、ボロボロと涙を流し出したのです。

「えっ、どうしたの?」と、私は驚きつつも、「そうだよね。イッパイ、イッパイなんだよね」と、真美さんが落ち着くのを待ちました。

期待に応えるのに疲れてしまった真美さん

真美さんにいったい何が起こっているのでしょう?

次から次に降りかかってくる目標、まじめで賢い真美さんはそれをこなしてきました。するると会社はさらに次の目標を与えます。そして、またそれを真美さんはクリアします。するとまた新しい目標……。

期待に応えることが真美さんの日常であり、やりがいであり、自分自身の存在価値だったのです。

しかし、真美さんが言うとおり「何だか疲れちゃった」のです。

気づくともう二年も彼氏がいません。海外への出張も多かった真美さんが惹《ひ》かれる男性は、やはり仕事に忙しく飛び回っている人です。

お互いに仕事の話をすると手応えがあって惹かれ合うのは早いのですが、仕事優先の生活はいつの間にか互いにすれ違っていきます。

実家にも年に一度帰れたらいいほうです。実家に戻るとホッとするのもつかの間、仕事のことが気になったり、ゆっくりとした時間の流れに馴染めなかったりして、早々に東京に戻ってくるという生活を続けてきました。

気がつくと、自分で描いた夢や目標に向かってではなく、ただ会社の期待に応えるために仕事だけが生活の中心になってしまっていて、絶え間ない目標達成に疲れてしまっていたのです。

ビジネススキルの向上に一所懸命な村瀬さん

村瀬さん（仮名）は、三十五歳、男性です。奥さんと四歳になる息子さん、一歳の娘さんがいます。仕事は食品メーカーで営業をしています。

営業成績は優秀で、向上心もあり、本を読んだり積極的に研修に参加したり、前向きな性格が評価されています。

私は村瀬さんを含む三十人ほどの精鋭なビジネスパーソン向けにコーチングの研修を行っていました。

コーチングという目標達成を助ける手法は、既に結果を出しているビジネスパーソンにとっては、とても耳に心地よい話です。

なぜなら、「どうして自分がうまくいくのか？」を論理的に説明してくれるような話だからです。

村瀬さんは「コーチングは今まで無意識にやってきたことだった。今日のコーチング研修であらためて自分の成績が優秀である根拠が確認できた」と満足感を味わいました。

そして、同時に、思うような成果を出せない部下のことを思い出しました。最近、その部下との関係がギクシャクしていたのです。

村瀬さんはさっそく、明日からの具体的な部下への指導方針を考えていました。

そんなとき、私が次のような話をしたのです。

「頑固オヤジの話をしますね。頑固オヤジは、ある飲食店のオーナーです。

この頑固オヤジは、人の話は聴かない。頭ごなしに怒鳴りつける。言い出したらきかない。とにかく、頑固なんです。

でも、若いスタッフは頑固オヤジのことを慕っているんですね。

どうしてだと思います？

今日、コーチングスキルとしてお伝えしたような〝傾聴〟とか〝承認〟とか、一切しないんですよ。

どうして、若いスタッフは頑固オヤジを慕うんでしょうか。

その理由はこうなんです。

頑固オヤジは、店が退ける深夜になって家に帰るスタッフの姿を、必ず店の外に立って見送るんですね。決して声には出さないけれど、『気をつけて帰れよ。無事に帰れよ』って、心で強く願いながら姿が見えなくなるまで見送るんですって。

次の日、スタッフが出勤してくると、態度はぶっきらぼうだけど『今日も、いい顔しているな。よく来たな』って、強く心で感謝するんですって。頑固オヤジが『思わず目頭が熱くなるときもある』って言うくらい。

相手のことを心から想う気持ちがあれば、極論を言うとテクニックなんて必要ないんですね。頑固オヤジの話はそんなことを私に教えてくれました。

コーチングはとても有効なテクニックですが、相手を愛する気持ち、相手を想う気持ちという土台の上に使ってください」

村瀬さんは混乱しました。

混乱しながらも、何か見えたような気がしました。

「そうか、愛か……」

村瀬さんは今まで、ビジネススキルの向上に一所懸命でした。ライバルに勝つために、さらに営業成績を上げるために、部下の手本となるために、ビジネススキルの向上に多くの時間とお金を費やしてきました。

しかし、思うように部下は育ってくれませんでした。

育ってくれないどころか、部下がうつ病を発症し、会社に出てこられないようになるまで、知らず知らずのうちに部下を追い込んでしまったこともありました。

このとき頑固オヤジの話を聴いて、結果を急ぐあまり、部下の指導においては、「愛をもって失敗を許し、じっくりと成長を待つ心構え」が足りなかったことに気づきました。

また、成果主義の旗印のもと、愛とは無縁の職場環境の中で、生気を失った仲間たちの顔が何人も何人も思い浮かびました。

自分のありのままの姿を認めよう

真美さんや村瀬さんのように、「もっと成長したい」という向上心があり、自分なりにビジネススキルを身につけようと、研修で学んだり、ビジネス書を読んだりして、一生懸命がんばってきた。

けれど、「少し疲れちゃった」「スキルやテクニックの限界を感じている」「なんだかうまくいかない」と感じている。

そんなあなたへのメッセージのつもりで、この本を書きました。

私の一番お気に入りの言葉に「あなたが、あなたであることが、一番尊い」というものがあります。

人には必ず強みもあれば弱みもあります。アピールしたい面もあれば、決して他人には見せたくない醜い面もあるでしょう。

でも、それもこれも、全部ひっくるめて〝自分〟なんです。

誰にでも、〝なりたい自分〟のイメージっていうのがあると思います。

「落ち着いて物事に対処できるような自分になりたい！」って言う人もいるでしょうし、「あれこれ考えずに、どんどんチャレンジする自分になりたい！」って言う人もいるでしょう。

でも、〝なりたい自分〟になるには、一つだけ条件があります。

それは、「わたしが、わたしであることが、一番尊い」と認めること。つまり、自分で自分のありのままの姿を認めることです。

「そうは言っても、私にはこれといったとりえもない」

本当にそうですか？　少なくとも、自分のことを「私にはこれと言ったとりえもない」と言える謙虚さそのものがあなたのとりえじゃないですか。

「ず〜っと仕事をしてきてしまって、シングルだし、仕事もただ、こなしてきただけで、キャリアとはいえない」

本当にそうですか？　ず～っと、仕事をしてくる間にはいろいろなことがあったと思います。それを乗り越えてきた力は、誰もが持てるものではありません。その継続する力こそ、あなたの尊さなのではないですか。

見るのは他人ではなく「自分の目標」

「ウサギと亀が徒競走をしました。ウサギは自分の足が速いことに油断して、昼寝をしてしまいました。その間に後から来た亀に追い抜かれ、結局負けてしまいました」

という童話があります。

なぜ亀はウサギに勝てたんでしょう？

地道な努力、油断大敵ということでしょうか。

こんなふうに考えられませんか？

「見ていたものが違ったのかもしれない。ウサギは亀のことを見ていて、亀はゴールを見ていた。亀は他人と比べるのでなく、自分の目標だけを見て前に進んだから、亀が勝利したんだ」って。

他人と比べて一喜一憂する必要なんかなくて、自分の目標と比べて進捗を計ってペースを調整するほうが、確実で、ストレスを感じない生き方ができるんじゃないでしょうか。

自分だけの目標……。それは〝なりたい自分〟になることです。

〝なりたい自分〟になるには、「私は、何がしたいの?」という問いから始まります。

私は会社を興してからずっと、この問いを考え続けてきました。

そして見えてきたのが、「自分らしく輝く人が満ち溢《あふ》れる社会を創《つく》ることに貢献したい」という私自身の〝なりたい自分〟像を具現化した〝なりたい会社〟像です。

その〝なりたい会社〟像に賛同してくれた社員が結束して、亀の歩みのような私たちのペースで活動を広げています。

いつの日か、ウサギを抜く日が来るのかもしれませんし、来ないのかもしれません。でもそれは大した問題ではなく、私たちは私たちのペースで進むだけです。

あなたらしく〝なりたい自分〟になろう

「疲れちゃった」と会社を辞めた真美さんは、その後、花屋さんでアルバイトをしながら自分自身を見つめなおした後、半年間の予定でインドに渡りました。

インドでは、インド医学の古典「アーユルヴェーダ」を学んでいるそうです。

インドからの真美さんのメールに、「日本のみんなが、真美さんのアーユルヴェーダを待っているよ！」と返事をしたら、「わかりました！　待っていてください」と、夢に向かって前向きに進んでいる様子が伝わってくる元気な返事をくれました。

また、部下育成がうまくいかない理由として、「そうか、愛か！」と気づいた村瀬さんは、できる限り時間をとって部下の変化を観察するように心がけました。

そして、細かく褒めることを意識しました。すると部下が、燦燦《さんさん》と輝く太陽と十分な水、さらに深い愛情を与えられた植物のように、ぐんぐんと成長していくのが手に取るように観察できるようになったそうです。

「やっぱり愛でした」と、優しい笑顔で語ってくれました。


さあ、あなたも三年後、なりたい自分になりましょう！

「あなたが、あなたであることが、一番尊い」

そのままで、十分ステキなあなたへ。

著　者

3年《ねん》後《ご》“なりたい自《じ》分《ぶん》”になれるドリームマップ

あなたの夢が必ずかなう自己イメージのつくり方

2006年10月19日　　初版発行

著　者……秋《あき》田《た》稲《いね》美《み》

発行者……大和謙二

発行所……株式会社大和出版

東京都文京区音羽１－２６－１１　〒112-0013

電話　営業部03-5978-8121／編集部03-5978-8131

http://www.daiwashuppan.com

印刷所……慶昌堂印刷株式会社

製本所……有限会社誠幸堂

装幀者……重原　隆

乱丁・落丁のものはお取替えいたします

定価はカバーに表示してあります

ISBN4-8047-1696-3

付録

ドリームマップをつくろう！

「さあ、ドリームマップをつくりましょう！」

ドリームマップの準備をしよう

これから実際にドリームマップをつくっていきましょう。
まず、次ページを参考にドリームマップをつくる材料を用意しておいてください。

次に、Step1からの質問や解説文を参考に、どんどん書き込んでください。
書くことによって、3年後の“なりたい自分”が明確になってきます。

そのあと、ドリームマップの台紙に、写真やイラストを貼ったり、“なりたい自分”を言葉で書いたりして、あなたオリジナルのドリームマップをつくります。

ドリームマップは、つくって毎日見ることでパワーを発揮します。
あなただけのオリジナル・ドリームマップの作成を楽しんでください。

● 用意するもの

・乗りたい車、住みたい家などの写真
・行きたい旅行のパンフレット
・笑顔の自分の写真
・笑顔の家族・友人・チームメンバーの写真
・憧れの人物・尊敬する人物の写真
・趣味の写真や、見るとうれしくなる写真
・住みたい社会の風景や、安全を表す写真

※イラストや雑誌の切り抜き、印刷物など、写真以外でもOKです。

・台紙（新聞紙大の色画用紙）
・カラーペン
・ハサミ、のり

参考：http://www.dream-map.info

Step 1

「どんな想いがあなたを満たしていますか?」

自分の想いを確認しよう

まず、自分を知りましょう。

ドリームマップをつくる手順は、まずスタート地点を明確に（自分を分析）してから、ゴール地点（夢・目標）を定めます。
すると、「どういう行動を取ればよいのか？」は、自動的に導き出されます。

まず、あなたの想い（スタート地点）を明確にしましょう。

- 私がうれしいと感じることは、

- 私が問題に思っていることは、許せないことは、

- 私が不便だと思うこと、困惑することは、

- 私が他人よりも優れていること、得意なことは、

- 私が他人に喜ばれることは、

- 私がやり遂げたことは、

Step 2

「あなたの強みは何ですか?」

自分の能力・動機・意味を確認しよう

3つの視点で自分を分析しましょう。

「自分は何が得意なのか?」(できること　CAN)
「強み」と考えてください。普段とらえている「弱み」と「強み」は反対に作用することがあるものです。たとえば、「心配性」という「弱み」は「慎重」という「強み」であると言えます。

「自分はいったい何をしたいのか?」(したいこと　WANT)
さまざまな制約を取り払い、自分の気持ちに正直になって書いてください。

「何をしている自分なら、家族や他者や社会に役立っていると実感できるのか?」(求められること　NEEDS)
家族、他者、社会から、あなたが求められていることは何でしょう。今までに他者から喜ばれたり、感謝されたことを思い出して、書いてください。

- 自分は何が得意なのか？（できること　CAN）

- 自分はいったい何をしたいのか？（したいこと　WANT）

- 何をしている自分なら、家族や他者や社会に役立っていると実感できるのか？（求められること　NEEDS）

Step 3

「どうしたら、なりたい自分になれますか?」

スタートとゴールの自己イメージの変化を確認しよう

今と3年後のギャップを感じましょう。

(ワン)　スタート地点
まず、「私は調和を大切にします」「私はスローペースです」など、現在の自己イメージを文章にして、書き込んでください。

(ツー)　ゴール地点
次に、3年後のあなたの“なりたい自分”のイメージを書いてみましょう。既に3年後、“なりたい自分”になったことをイメージして、そのときの自己イメージを書きます。
たとえば、「私はリーダーとして信頼を得ています」「私はプライベートの時間が充実しています」などです。

スタート地点とゴール地点のギャップを明確にすることができたら、ドリームマップをつくる準備が完了です。

● （ワン）　スタート地点（ありのままの自分）

私は、＿＿＿＿＿＿＿＿＿＿＿＿＿＿＿＿＿＿＿＿。

私は、＿＿＿＿＿＿＿＿＿＿＿＿＿＿＿＿＿＿＿＿。

私は、＿＿＿＿＿＿＿＿＿＿＿＿＿＿＿＿＿＿＿＿。

私は、＿＿＿＿＿＿＿＿＿＿＿＿＿＿＿＿＿＿＿＿。

私は、＿＿＿＿＿＿＿＿＿＿＿＿＿＿＿＿＿＿＿＿。

▼

● （ツー）　3年後のゴール地点（なりたい自分）

私は、＿＿＿＿＿＿＿＿＿＿＿＿＿＿＿＿＿＿＿＿。

私は、＿＿＿＿＿＿＿＿＿＿＿＿＿＿＿＿＿＿＿＿。

私は、＿＿＿＿＿＿＿＿＿＿＿＿＿＿＿＿＿＿＿＿。

私は、＿＿＿＿＿＿＿＿＿＿＿＿＿＿＿＿＿＿＿＿。

私は、＿＿＿＿＿＿＿＿＿＿＿＿＿＿＿＿＿＿＿＿。

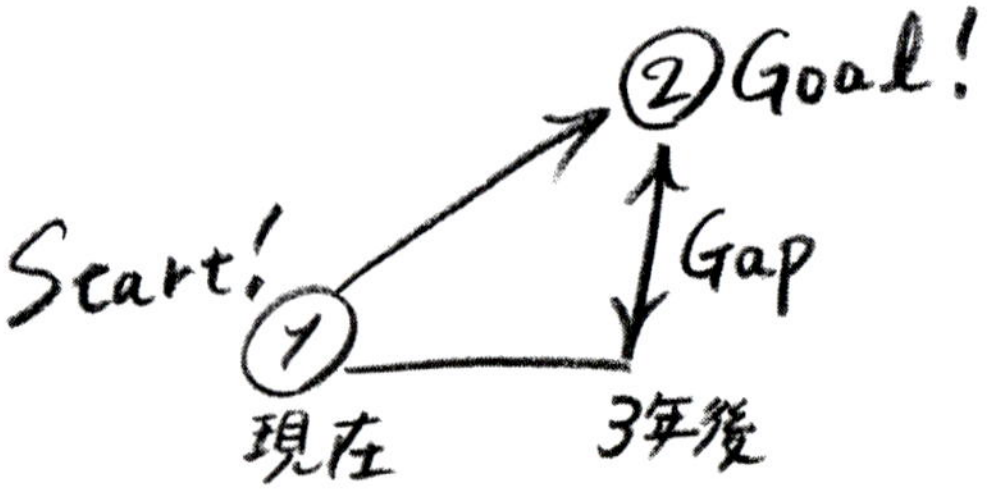

Step 4

「今のあなたに点数をつけるとしたら何点ですか?」

ドリームマップの4つの視点で、自分を分析しよう

もっと細かく“今”を分析しましょう。

3年後の“なりたい自分”の状態を100点とするのであれば、現在の自分に何点つけてあげられるでしょうか。

各項目に、“現在の点数”をつけてください。

中心の円の中には、あなたの“現在の総合点”をつけてください。

【社会への貢献って?】
社会への貢献など、「まったくしていないからゼロ点」と考えるのではなく、「税金を納めている」「環境に配慮した生活をしている」など、何かしていることがあるはずです。どんな些細ことでもOKです。

【メンターって?】
「メンター」とは、いつもあなたの心に存在し、あなたを勇気づけてくれる人のことです。あなたがどのような年齢や性別や立場にあっても、あなたが持っている能力のすべてを発揮することができるように、精神的にサポートをしてくれる存在です。

4

3

		家族・親戚	点
会社への貢献	点	友人	点
社会への貢献	点	仕事関連の人	点

現在の総合点

点

1

2

		余暇・趣味	点
家・車・持ち物	点	健康	点
収入・貯蓄	点	知識・資格	点
資産・権利	点	メンター（精神的支援者）	点

Step 5
「初めの一歩は何ですか?」

優先順位を明確にしよう

“なりたい自分”になるための、優先順位を知りましょう。

Step4で“現在の自分”につけた点数を右の図に転記して、線で結んでください。

線がへこんでいるところは、現在のあなたが急いで手を打つべき重要なことかもしれません。

あなたが行動を起こす優先順位の高いものは、どの項目でしょうか。

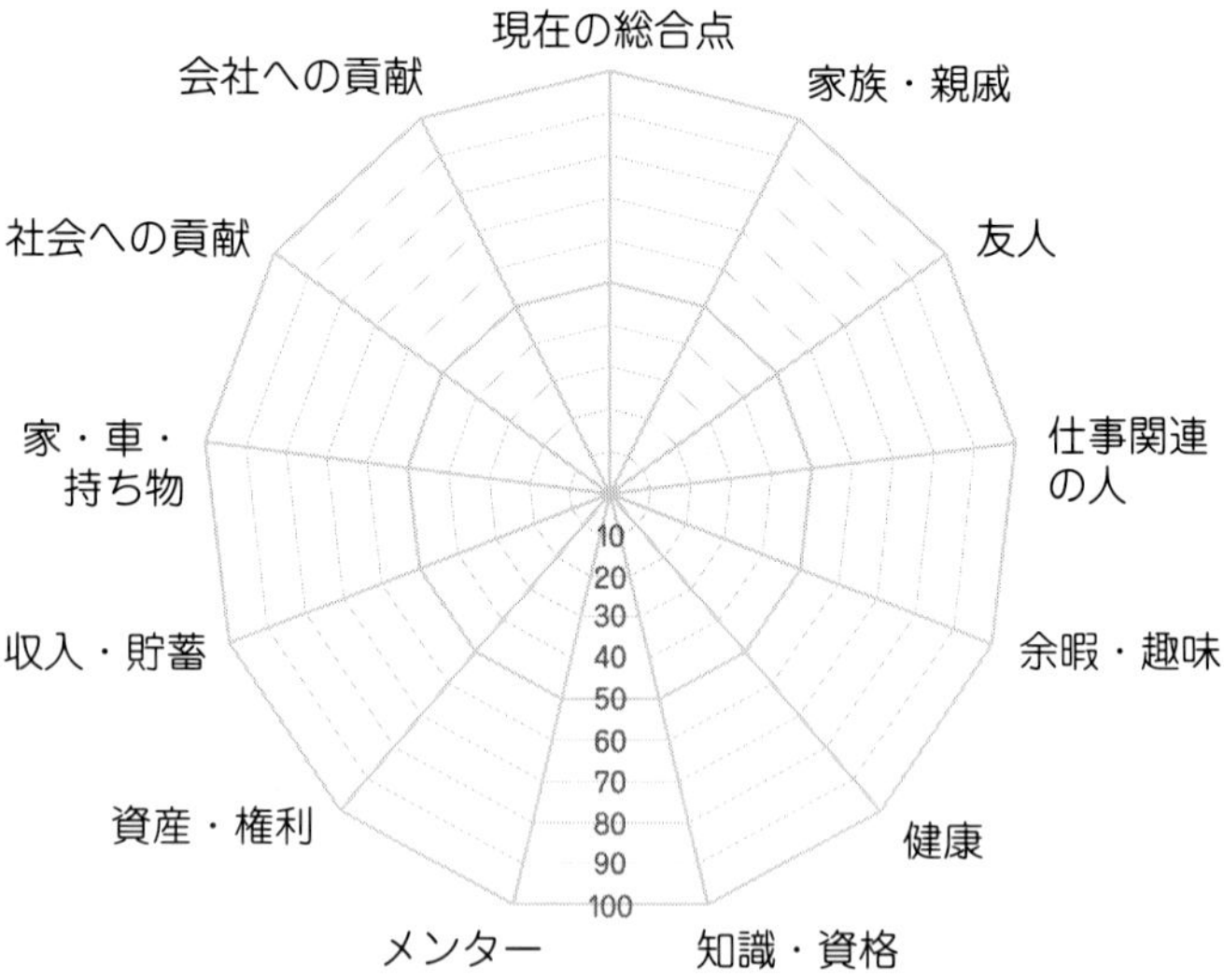
現在の総合点
家族・親戚
友人
仕事関連
の人
余暇・趣味
健康
知識・資格
メンター
資産・権利
収入・貯蓄
家・車・
持ち物
社会への貢献
会社への貢献
10
20
30
40
50
60
70
80
90
100

Step 6

「3年後、100点満点の自分ってどんな自分ですか？」

3年後、理想の自分を具体的にイメージしよう

ゴール地点を明確にイメージしましょう。

3年後、Step4と5の各項目が100点満点のとき、「現象として何が起こっていますか？」「何が起こっていたら、100点満点だと感じられますか？」


できるだけ具体的に書いてください。

例）「市内に、100m^2のマンションを持っている」

「余暇を利用して、年に2回、海外旅行に行っている」

「毎日、快調！　体調万全です」

1

家・車・持ち物

1

収入・貯蓄

1

資産・権利

2

余暇・趣味

2

健康

2

知識・資格

2

メンター
（精神的支援者）

3

家族・親戚

3

友人

3

仕事関連の人

4

会社への貢献

4

社会への貢献

Step 7

「どんな夢があなたを勇気づけてくれますか?」

ドリームマップの下書きを描こう

3年後に"なりたい自分"をまとめましょう。

Step6で記入した内容を、次ページの1・2・3・4の場所へ書き写してください。これがドリームマップの下書きです。


真ん中の円には、3年後になりたい自分、夢、目標を書きましょう。3年後の年齢も書いておきます。

例)「人を元気にするWebデザイナー　30歳」

　　「誰からも愛される高校教師　29歳」

　　「年商1億円の経営コンサルタント　38歳」

4 社会（変化・影響される
だろう社会）
住んでいる地域・
日本・地球

他者（笑顔にしたい対象）
周りの人・
友人・仲間・家族 3

夢・目標
○○な△△　年齢

1 自己（物質的要素）
ライフスタイル
家・車・持ち物

自己（精神的要素）
自己がどうありたいか
性格・趣味・知識・資格 2

Step 8

「さあ、ドリームマップをつくりましょう！」

あなたのドリームマップをつくろう

あなたオリジナルのドリームマップをつくりましょう。
Step7で書いたドリームマップの下書きを見ながら、進めます。

❶ 台紙の真ん中に円をつくり、その中に、いつ、どんな自分になっていたいか、下書きに書いたあなたの夢、目標を書き込みます。
❷ 用意した写真や切り抜きを、下書きと対応する場所に貼っていきます。
❸ 貼った写真や切り抜きの透き間に、下書きに書いた「3年後になりたい自分」を書き写します。

右のドリームマップは、美穂さん（25歳女性）のドリームマップです。

ドリームマップ完成！

働く女性がキラキラ
輝く充実した空間
仲間ができて、楽しい！ワクワクが増えたね。
20代の欲張りな女性達が集います。
ずっと一緒にいようね！
家族で過ごす、大切なひととき、心が安まります。
ラグジュアリーな空間で
快適なオフィス兼サロンは
青山にあります!!
Dream Map 2009年9月
プチセレブプロジェクト
会員数：500名
年収：1.000万円
美穂 28歳
週1回、着物で茶道を習っています。
大好きな彼と、結婚しました♥
休日は、ゆっくり温泉で
主人とのんびり過ごしています。
週1回のジム通い、
リフレッシュしてさわやかな気持ちに。

Step 9

「“自分プレゼン”をつくりましょう!」

まず、1年後の自分を描こう

夢や目標を細分化しましょう。
「3年＝1年×3回」「1年＝3カ月×4回」と細分化されます。
つまり、1年を四半期に分けて夢や目標を設定するのです。

“自分プレゼン”とは、3年後の夢や目標に対して、今日からの1年間の行動計画を立てるツールです。
3年を1年ごと、1年を3カ月ごとに区切って、「これをします！」と行動を明確にします。

まずは、3年後の夢や目標に対して、次ページの質問に答えることによって1年後の通過地点を明確にします。

● 今日から1年後の自分を、わかりやすく簡潔なスローガンで言い表すと？（例： オンもオフもイキイキ楽しい毎日！）

● 自己の物（1年後までに手に入れる物）

● 自己の精神（1年後までに行く旅行先や、勉強したいことなど）

● 他者への貢献（1年後までに行う他者への貢献）

● 社会への貢献（1年後の目標を達成することが、社会へどのような貢献の可能性があるか）

Step 10

「どんな、障害が予測できますか？」

課題を洗い出そう

課題・障害に対して、先手を打ちましょう。

夢や目標を達成するために、障害は必ずと言っていいほどついて回ります。
でも、障害をあらかじめ予測しておくと、対処の仕方がわかります。

予測できる障害を洗い出しておきましょう。

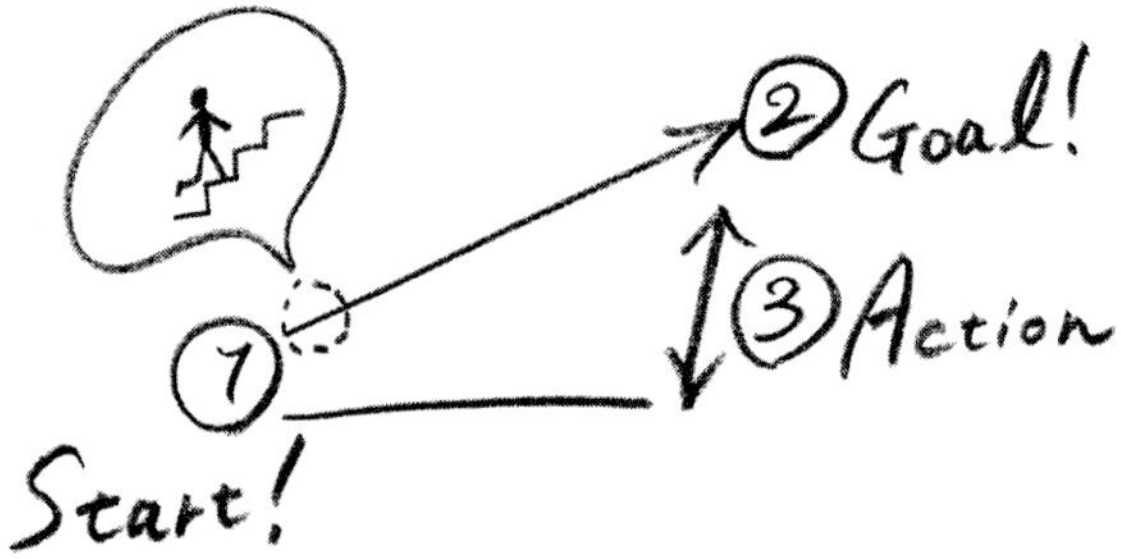

● ドリームマップ達成のために、行動面における自分自身の課題は、どのようなことが考えられますか？

● ドリームマップ達成のために、メンタル面における自分自身の課題は、どのようなことが考えられますか？

● ドリームマップ達成のために、どのようなサポートがあると達成しやすく感じますか？

Step 11

「夢に向かって、初めの一歩を踏み出しましょう!」

アクションプランを立てて夢に進もう

スタート地点が明確になり、ゴール地点を定めました。あとは、エンジンをかけて出発しましょう。いつ、何を、どのようにするというアクションプランができれば、それに従って、前へ進むだけです。

まず、Step9で設定した1年後の夢や目標を記入しましょう。
そして、完成したドリームマップを眺めながら、四半期ごとの達成イメージと行動計画（手段）を、ひらめきに従って記入してください。

3カ月ごとに進捗《しんちょく》を振り返り、予定どおり進んでいること、進んでいないことを見直し、再計画を立てましょう。

● 1年後の夢や目標（Step9を参考に！）

達成イメージ	そのためにすること（手段）
第1四半期／　　　　　年　　月～	年　　月
第2四半期／　　　　　年　　月～	年　　月
第3四半期／　　　　　年　　月～	年　　月
第4四半期／　　　　　年　　月～	年　　月

Step 12

「毎日、ドリームマップとともに過ごしましょう!」

いつも、ドリームマップを眺めよう

私の会社では、壁一面にドリームマップを貼っています。
パソコンに向かって仕事をしていて、ふと目を上げると自分のドリームマップが目に飛び込んでくるようにしているのです。

もちろん、パソコンのデスクトップの壁紙もドリームマップ、携帯電話の待ち受け画面にもドリームマップです。

心の中にある“夢”を、いつでも目に見える形にしているってことのパワーを、あなたも感じてみてください。

Step 13

「ドリームマップをメンテナンスしましょう!」

常に最新のドリームマップにしておこう

ドリームマップは、定期的にメンテナンスしてあげてください。

夢は変わることがあります。変わったってOKなんです。

ドリームマップを貼り替えたり、つくり替えたり、何度も何度もメンテナンスしてみてください。


どんどん愛着がわいてきて、ドリームマップのない生活なんて考えられなくなります。

そのとき、あなたの人生は、あなたの描いたような人生になっているでしょう。

Step 14

「ドリームマップの輪を広げましょう！」

みんなの夢を応援しよう

もともと、ドリームマップは大人から子どもまで1億2000万人の誰もが楽しんでつくれるように、考案されたプログラムです。今、この時間にも、全国のどこかで、誰かがドリームマップをつくっているかもしれません。

ドリームマップは夢の架け橋です。
あなたの周りの人に、ドリームマップを伝えましょう。
「あなたが、あなたであることが一番尊い」というメッセージとともに……。
そして、その人の夢を応援しましょう。

お互いの夢を応援しあう社会をつくりましょう。

ひとりひとりの幸福のために
幸せ品質
2010年
なかまをふやす
夢ごこち
Dream Map

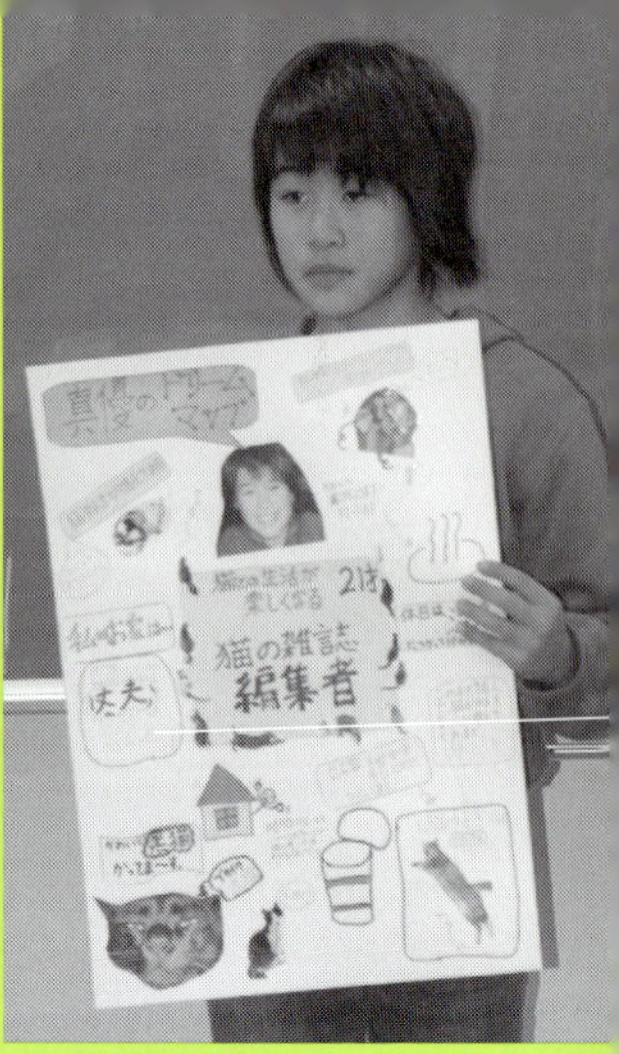
猫の雑誌
編集者

夢鉄道

目的を持ってイキイキ働く
アルバイトさんが増えています
2015年
GLAMOUROUS
年収800万
お店や企業が幸せになっています
Japanese Paris Hilton
Dream Map

Step 15

「3年後、なりたい自分になりましょう!」

あなたのドリームマップをここに貼ろう

あなたがつくったドリームマップを部屋に貼りましょう。
そして、その写真を、このページにも貼っておきましょう。
問題や課題にぶつかったら、このページをめくってみてください。
あなたのドリームマップが力をくれるはずです。

そして3年後、久しぶりにこの本を開いたとき、“なりたい自分”になれたあなたがニッコリ微笑むのです。

あなたのドリームマップをここに貼りましょう。